Christian Heim
Astrologische Namensanalyse

Christian Heim

Astrologische
Namensanalyse

© 2004 Christian Heim
Satz, Herstellung und Verlag: Books on Demand GmbH, Norderstedt
ISBN 3-8334-0712-3

Inhalt

0. Wichtige astrologische Begriffe

Urprinzipien/Planetenprinzipien:

Sonne:	lebensspendendes, vitales Urprinzip; Lebensenergie, Selbstbewusstsein
Merkur:	vermittelndes Urprinzip; Denken, Information/Wissen, Kommunikation
Venus:	ausgleichendes Urprinzip; Harmonie, Geschmack, Libido
Mond:	Gefühle, Psyche, Unbewusstes
Mars:	aggressives Urprinzip/Energieprinzip; Aktivität, Tatkraft, Kampf
Jupiter:	entwickelndes Urprinzip; Wachstum/ Expansion, Wohlleben, Glück
Saturn:	einschränkendes, begrenzendes Urprinzip; Reduzierung/Verzicht, Grenzen, Ordnung/ Struktur/Regeln, Dauerhaftigkeit/Stabilität/ Sicherheit
Uranus:	exzentrisches Urprinzip; Eigenartigkeit/ Unnormalität, Veränderung/plötzlicher Wechsel, Kreativität/Erfindergeist
Neptun:	auflösendes Urprinzip; Unklarheit, Realitäts- ferne, Hintergründigkeit, Grenzenlosigkeit
Pluto:	zersetzendes Urprinzip; Umwandlung/ Transformation/Metamorphose, Macht(ausübung)/Gewalt

Tierkreiszeichen:

Widder:	Impulsivität, Tatendrang, Direktheit; Element: Feuer; Herrscher: Mars
Stier:	Ruhe/Stabilität, Bodenständigkeit, Sinnlichkeit; Element: Erde; Herrscher: Venus
Zwillinge:	Interessiertheit, Vielseitigkeit, Kommunikation; Element: Luft; Herrscher: Merkur
Krebs:	Passivität, Introversion, Gefühlstiefe; Element: Wasser; Herrscher: Mond
Löwe:	Selbstbewusstsein, Vitalität, Souveränität; Element: Feuer; Herrscher: Sonne
Jungfrau:	Sachlichkeit, Sorgfalt, Vernunft; Element: Erde; Herrscher: Merkur
Waage:	harmonisches Zusammenleben, Ästhetik, Schöngeisterei; Element: Luft; Herrscher: Venus
Skorpion:	Tiefgründigkeit, Idealismus, Extremismus; Element: Wasser; Herrscher: Pluto
Schütze:	Expansion, Begeisterung, Optimismus; Element: Feuer; Herrscher: Jupiter
Steinbock:	Ernsthaftigkeit, Ordnungssinn, Ausdauer; Element: Erde; Herrscher: Saturn
Wassermann:	Exzentrik, Veränderungslust, Einfallsreichtum, Freiheit; Element: Luft; Herrscher: Uranus
Fische:	Phantasie, Mystik/Religion, Sensibilität/ Einfühlung; Element: Wasser; Herrscher: Neptun

1. Allgemeine Eigenschaften von Namen und Gegenüberstellung von Name und Horoskop

1.1 Einige Gegensätze zwischen Namen und Horoskopen

– Der Name ist etwas Fiktives. Das Horoskop basiert dagegen auf Realem.

– Namen und Laute liegen sehr nahe beim Menschen. (Sie werden ausgesprochen. Der Name ist etwas vom Menschen Geschaffenes und wird dauernd benutzt.) Planeten und Tierkreiszeichen sind dagegen vom Menschen weit entfernt. (Tierkreiszeichen sind idealistische Modelle, die in Reinform gar nicht vorkommen.)

– Der Name ist zeitlos, mehr oder weniger dauernd präsent und etwas Zentrales. Das Horoskop bezieht sich dagegen auf einen bestimmten Zeitpunkt in der Vergangenheit und die Planeten liegen in der Peripherie.

– Der Name hängt mit familiärer Verbundenheit zusammen. (Der Vorname wird von den Eltern ausgesucht, der Nachname (Familienname) ist mit dem der Eltern/dem eines Elternteils identisch.) Das Horoskop bezieht sich dagegen auf eine Loslösung von der Mutter.

– Der Name ist lebendig (er wird ausgesprochen), oft stimmungsvoll und lyrisch und er kann unterschiedlich betont/ausgesprochen werden und mit verschiedenen Assoziationen verbunden sein. Das Horoskop ist dagegen starr, zunächst etwas Sachliches und es kann nur eine richtige Horoskopdeutung geben.

– Der Name ist (bis auf die Lücke zwischen Vor- und Nachnamen) zusammenhängend und kompakt. Seine Bestandteile (Buchstaben) sind nicht eigenständig. Das Horoskop besteht dagegen aus eigenständigen Horoskopfaktoren, die nur durch Aspekte (mehr oder weniger stark) miteinander verbunden sind.

- Namen sind ganz unterschiedlich; es gibt so gut wie keine Regeln, nach denen Namen aufgebaut sein müssen. (z. B.: Es gibt kurze und lange Namen, Namen können mit Worten der Alltagssprache identisch sein (z. B. C.G. Jung, Franz Alt, Erich Bauer), mit ihnen verwandt sein (z. B. Alice Schwarzer, Senta Berger) oder auch ganz außerhalb der üblichen Sprache liegen.) Das Horoskop hat dagegen immer die gleiche Bauart.
- Beim Namen kann das Uranusprinzip sehr schön zur Geltung kommen. (Namen sind oft sehr eigenwillig und können ganz ausgefallen und verrückt/unsinnig sein. (z. B. Grzimek, Dudichum, Kulenkampff, Funkenhauser, Schrowange, Furtwängler, Dollfuß, Zuckmayer)) Im Horoskop kann dagegen das Uranusprinzip nicht richtig zur Geltung kommen. (Die feste und dauerhafte Bindung an den Planeten Uranus widerspricht dem Charakter des Uranusprinzips.)
- Namen sind von ihrer Konzeption her jupiterbetont. (Namen sind etwas Zusätzliches und Geschaffenes. Sie sind eigentlich Fremdkörper und müssen deshalb positiv besetzt sein.) Das Horoskop ist dagegen von seiner Konzeption her saturnbetont. (siehe: 1.2)

Namen passen also zum jupitererhöhten Zeichen Krebs (, zum Zeichen Löwe (sie sind fix, ausdrucksstark und bringen die Person zur Geltung)) und zum Venuszeichen Stier. (Ein Name ist eine Ansammlung von Buchstaben. Die Namensgebung hat eine lange Tradition. Namen sind in der Vergangenheit verwurzelt, beim Vornamen wird i. A. auf bekannte und bewährte Namen zurückgegriffen. Namen verändern sich nicht und sind stabil. Namen haben i. A. keine bestimmte Bedeutung und sind daher mit einem Bündel von Assoziationen verknüpft. Namen sind in gewisser Weise im Besitz des Namensträgers.) Horoskope passen dagegen zum Saturnzeichen Steinbock und zum Marszeichen Skorpion. (Sie sind fix, leitbildhaft und stellen an den Horoskopinhaber hohe Anforderungen. (Er soll sich seinem Horoskop gemäß verwirklichen.))

1.2 Wichtige allgemeine Eigenschaften von Namen und Horoskopen

1. Das Horoskop hängt mit Isolation/Trennung/Distanz und Eigenständigkeit zusammen, der Name dagegen mit Gemeinschaft, Nähe und Verbundenheit. (Die Himmelskörper sind voneinander und vom Menschen weit entfernt. Die Horoskopfaktoren sind eigenständig und i.A. voneinander getrennt. Mit der Geburt distanziert sich das Kind von der Mutter. Der Name ist eng mit Namensträger verbunden. Die Buchstaben eines Namens sind nicht eigenständig, sondern bilden eine Reihe. Der Name hat einen (positiven) familiären Ursprung. Sprache ist etwas Gemeinschaftliches und der Name erleichtert die Kommunikation und das Zusammenleben.)

2. Das Horoskop hängt mit Saturnbetontheit zusammen, der Name dagegen mit Jupiterbetontheit. (Der Weltraum ist kalt, größtenteils leer und ohne Leben. Bei der Geburt kommt das Kind in eine kältere und unwirtlichere Umgebung. Das Horoskop ist starr und unlebendig. Der Name ist etwas Zusätzliches und Geschaffenes. Der Name ist lebendig/wird ausgesprochen. Der Name liegt nahe beim Menschen, beim menschlichen Leben. Der Name hat einen familiären Ursprung. Sehr erfolgreiche/berühmte Persönlichkeiten haben meistens einen besonderen, klangvollen Namen und der Nimbus dieser Persönlichkeiten ist eng mit dem Namen verbunden. (z.B. Julius Cäsar, Napoleon, Mozart, Beethoven, Einstein))

3. Das Horoskop hängt mit dem Mars- und Sonnenprinzip zusammen, der Name dagegen mit dem Venus- und Uranusprinzip. (Die Astrologie beruht auf den Planetenbewegungen. Bei der Konzeption der Astrologie spielt die Sonne eine sehr wichtige Rolle. Buchstaben/Laute passen zum Venuszeichen Stier. (Sie werden mit Körperteilen artikuliert, die dem Zeichen Stier zugeordnet werden.) Der Name soll ansprechend sein und eine gewisse Ästhetik haben. Namen sind meist eigenwillig/eigenartig und können ganz ausgefallen, unsinnig und verrückt sein.)

Folgerungen:

Die Namensanalyse ist eine Ergänzung der Horoskopdeutung. Das Horoskop passt besser zu Arbeit/Beruf/Selbstverwirklichung als zur Partnerschaft. Eine Verwirklichung (Mars) gemäß dem Horoskop ist notwendig (Saturn) und essentiell (Sonne). Eine Verwirklichung gemäß dem Horoskop ist zwar vital (Sonne), garantiert aber noch keinen Erfolg (Jupiter). Im Horoskop können sich Begabungen (Jupiter, (Uranus)) nicht richtig manifestieren. Der Name passt zur Partnerschaft (Venus, Jupiter) und spielt bei einer Partnerschaft/Zusammenarbeit eine wichtige Rolle. Dass die Verwirklichung zum Namen passt, ist nicht notwendig (Saturn) oder essentiell (Sonne), aber erfolgversprechend (Jupiter). Der Name hängt wahrscheinlich mit den Begabungen und Talenten (Jupiter, (Uranus)) zusammen. Der Name eignet sich zur Benennung einer Erfindung oder Entwicklung (Uranus, Jupiter).

(Dies ist tatsächlich der Fall: Der Name eignet sich oft vorzüglich zur Benennung einer Erfindung/Entdeckung oder als Firmenname. (z. B. Dieselmotor, Otto-Motor, Wankelmotor, Krupp, Siemens, Thyssen, Daimler, Liebherr, Porsche, Ferrari, Peugeot, Ford, Boeing, Zeppelin, Eiffelturm, Geigerzähler, Richterskala, Nobelpreis, Neckermann, Morsealphabet, Klett-Verlag, Duden, Knigge, pasteurisieren, röntgen, Bunsenbrenner, Alzheimer(sche Krankheit), Klinefelter-Krankheitsbild))

2. Die Buchstaben

2.1 Allgemeine Charakterisierung der Buchstaben

A: bringt ein Ja-sagen/Akzeptieren und/oder eine gewisse Bewunderung zum Ausdruck und passt zu etwas, das am Anfang oder an 1. Stelle steht, akzeptiert wird oder Priorität hat bzw. leicht Priorität gewinnt. (z. B.: to admit, to agree, to acknowledge, to admire, to adore; All, Axiom, Anatomie, atmen, Anführer, Staat, Ampel, As, aktuell, Alarm, Arbeit)

B: ist unkompliziert und naturverbunden. Einfache Bewegungen/Tätigkeiten werden oft mit Hilfe des Buchstabens B benannt und B hat relativ häufig mit Sinnlichkeit/Erotik und Trieben zu tun. (z. B.: banal, Ball, Baby, Barbar, Bauer; Bach, Berg, Blume, Busch, Baum, Biologie, Boden; beißen, krabbeln, bücken, biegen, brechen, bügeln; Balz, Brunft, Bett, Bordell, Libido, Bulimie; Brigitte Bardot, Kim Basinger (Sinnlichkeit/Erotik und Engagement für den Tierschutz), Bernhard Grzimek, Alfred Brehm (berühmte Zoologen), Björn Borg, Franz Beckenbauer, Boris Becker (betrieben auf einfachen Bewegungen beruhende Sportarten), E. Bornemann (Sexualforscher), Beate Uhse; Bo Derek, Iris Berben, Drew Barrymore, Ralf Bauer (als erotisch geltende Personen))

C: hat Ähnlichkeit mit K und Z.

D: passt zu etwas, das keine feste Struktur hat und anpassungsfähig ist. (z. B.: Dampf, dehnbar, diplomatisch, Diener) D ist etwas dual: D passt sowohl zu Niederem/Erdverbundenem als auch zu Vornehmem und Höherem und hat sowohl mit Ansammlung/Konzentration als auch mit Auflösung zu tun. (z. B.: derb, Boden, Dorf, Dialekt, Dreck; Dame, duke, Duft, Seide, delikat, Daune, Diva,

Degen, denken, divine, Gold, Diamant; dick, Depot, Dotter, Damm, dicht; Defekt, to die, to dissolve, deformiert, disqualifizieren, destruktiv, Demontage, Demenz, Delirium, Degeneration)

E: wenig ausdrucksvoller, sachlicher Buchstabe. (z. B.: leer, Ebene, Gerede; eleve, exact, empirisch, education, Text)

F: aufdringlicher, unruhiger, aber nicht sehr kraftvoller Buchstabe. Mit F Bezeichnetes liegt oft etwas außerhalb der Norm/üblichen Realität. (z. B. Frage, Fanfare, Forderung, forsch, scharf, Waffe, Pfiff, Pfeffer, Duft, Senf, Feuer; Ferien, falsch, Finte, Fabel, Freak, Fanatismus, Fata Morgana, fiktiv)

G: relativ stabiler Buchstabe, der zu Grundlegendem, Nachhaltigem und Dauerhaftem passt. (z. B.: Geologie, Geld, generell, Genre, Gattung, gerben, Griff, Gang, Garantie, Gletscher) G ist (wie R und Z) sowohl statisch als auch dynamisch und dadurch etwas gespannt/unharmonisch und manchmal aversiv. (z. B.: gegen, Groll, grell, glühen, Gift, Galle, Galgen)

H: passt zu Höherem und Geistigem, ist vielseitig und unruhig. (z. B.: Hirn, Himmel, Heil, Humor; Hand, Haus; Huhn, Herz, Hektik, hysterisch). H ist relativ kraftvoll und manchmal sehr aufdringlich und/oder bedrohlich. (z. B.: Hallo!, Hormon, Hunger, Hai, Hurrikan, Henker, Hetze, Hass, Heroin, Horror)

I: passt ebenfalls zu Höherem und Geistigem und ist impulsiv und dynamisch. (z. B.: Idee, Wissen, Information, Intelligenz, Intellekt, Bildung, bit; Biss, wild, Initiative, Militär, Stich, Blitz, Ritter, picken)

J: ist ebenfalls dynamisch, passt zu Schwung und Enthusiasmus und ist exzentrisch, aber nicht unästhetisch. (z. B.: jagen, jung, to jump, Jubel, jodeln; John Lennon, Mick Jagger, Michael Jackson, Elton John, Janis Joplin, James Dean, James Bond)

K: bezieht sich oft auf den Kern oder die Kehrseite der Realität. (z. B.: Knochen, Skelett, krank, Klinik, Kritik) K passt zu K̲ompliziertem und Hochentwickeltem und zu Anforderungen/Fähigkeiten. (z. B.: Kunst, können, know-how, Karma, Klausur, Klasse, Rekord, komplex, perfekt, kennen, Keramik, Konzentration, Klavier, Kapazität)

L: passt zu Gemeinschaft und Verbindungen und hat eine ausgewogene/gleichmäßige Dynamik. (z. B.: Liebe, Liaison, Liga, Lobby, link (= Verbindung), Leine, lecken, Leute, Fami̲lie, Kumpel̲, Legierung; Lauf, Libero, Looping)

M: ruhiger, substanzvoller, m̲oderater/(m̲ittel)m̲äßiger/ norm̲aler Buchstabe. (z. B.: Materie, Mehl, Mast, Meer, Stamm, Mutter, money, Menge, Matratze, Möbel, massiv, Marmelade)

N: oft einschränkender und negativer Buchstabe. (z. B.: nein, nie, niemand, nicht, nichts, nirgends, no, njet, non, Not, Nihilismus, Null)

O: passt zu besonderer Größe/Fülle/Reichhaltigkeit (z. B.: groß, voll, opulent, Oase, Boom, Wolke, Orgie, Tonne, Koloss, Ozean; Aristoteles Onassis), zu Antrieb und Kraft (z. B.: Boom, Motor, Lokomotive, Strom, Potenz, locken) und/oder zu besonderer Bedeutung/Wichtigkeit (z. B.: Kopf, Omen, Gott, Tod, Mord, Boss; Otto v. Bismarck, Napoleon).

P: ist exzentrisch und hat oft mit Technik und/oder Macht(ausübung) zu tun. (z. B.: pervers, Punk, Paradies-vogel; Rosa v. Praunheim, Johnny Depp; Prozedur, Optik, Apparat, Propeller, Pedal, Pumpe, Patent; Alfred Krupp, Jean Piccard, F. Porsche, F. Zeppelin, Robert Oppenheimer; power, Potenz, Politik)

Q: ebenfalls exzentrischer Buchstabe, weicher und labiler als P.

R: kraftvoller/autoritärer Buchstabe, sowohl statisch als auch dynamisch. (z. B.: Reich, Recke, roi, Respekt, Richter, Rede; Rockefeller, Ronald Reagan, Theodor Roosevelt, Kardinal Richelieu, Schah Reza Pahlewi)

S: passt zu vielseitiger Bewegung und Verborgenem und Hintergründigem. (z. B.: sägen, sieden, segeln, sprechen, sagen, Musik; Sekte, Sex, separat, Sarg)

T: fester, harter Buchstabe, der zu Kompromiss- und Rücksichtslosigkeit passt, aber auch eine gewisse Ästhetik hat. (z. b.: tot, total, Tortur, Terror, Attentat, Trauma, Tabu, Tacheles; Ton, Takt, Taube, Tango; Margaret Thatcher, Harry Truman, Mike Tyson)

U: bezieht sich meist auf das Untere bzw. auf eine niedrige Ebene und hat oft mit Instinkten und dem Unterbewusstsein zu tun. (z. b.: Fuß, Schuh, Fundament, Urin, Grube, Humus, Grund; Lust, Hunger, Durst, Wunsch, Furcht)

V: etwas exzentrischer, aber auch ästhetischer Buchstabe. (z. B.: violett, Vase, Vamp)

W: kraftvoller, substanzvoller Buchstabe, der zu Expansion/Wachstum/Ausdehnung passt. (z. B.: Wert, wichtig, wild, Wille; Wal, weit, Welt, Wachstum, Wucherung)

X: extremer, exzentrischer und etwas aggressiver Buchstabe; hat Ähnlichkeit mit Q und Z. (z. B.: Hexe, Boxen, Axt, Dioxin, extrem)

Y: hat viel Ähnlichkeit mit J, bezieht sich auf eine etwas niedrigere Ebene.

Z: sehr fester/harter und extremer Buchstabe. (z. B.: Ziegel, Zement, Zahn, Schmerz, Zwang, bizarr, schizoid, Zauber, Zombie; Frank Zappa, Emil Zatopek)

Ä: etwas aufdringlicher, aggressiver Buchstabe. (z. B.: ätzend, Jäger, Zähne)

Ö: passt zu Aufgebauschtem und Übertriebenem, das der Realität etwas entrückt ist. (z. B.: Köder, Höcker, frönen, schwören, König)

Ü: dynamischer, schwungvoller, aber nicht sehr kraftvoller Buchstabe.

AU: ruhige und autoritäre Buchstabenkombination.

SCH: kraftvoller Laut, hat Ähnlichkeit mit W.

A.o: kraftvolle Vokalkombination, passt zu Großem und Gewaltigem. (z. B.: Aorta, Agonie, Amok, Macho, malochen, action, Marathonlauf, Kanone, Katastrophe, Gladiator, Atombombe; Washington, Abraham Lincoln, Mao Tse Tung, Franz-Josef Strauß, Alexander der Große, Adolf Hitler, Carlos (Terrorist), Katharina die Große, Casanova, Napoleon, Al Capone, Aristoteles Onassis, Andreas Hofer, Greta Garbo, Marilyn Monroe, Janis Joplin, David Bowie (sein wohl bekanntester Song ist „Heroes"), Emil Zatopek, Michael Groß, James Bond, Richard Donner (Regisseur von „Superman"), Liz Taylor (war Darstellerin in „Giganten" und „Cleopatra"), Charlton Heston, Raimund Harmsdorf, Arnold Schwarzenegger)

Es gibt große/schwere/kraftvolle Buchstaben (AU, O, Ö, M, R, W, SCH) und kleine/leichte/schwache (C, E, F, i, N, P, Z, Ü, CH, EI).

Es gibt harte Buchstaben (H, K, N, P, R, T, X, Z) und weiche Buchstaben (D, M, S, U, W, SCH).

Es gibt schlanke/magere Buchstaben (Ä, H, K, N, P, T, Z, CH) und volle Buchstaben (AU, D, M, O, Ö, W, SCH).

Es gibt unruhige/dynamische Buchstaben (Ä, F, H, i, J, R, Ü, W) und ruhige/statische Buchstaben (A, AU, D, M, U).

Es gibt Buchstaben mit hoher Frequenz/hohe Laute (Ä, F, H, i) und Buchstaben mit niedriger Frequenz/tiefe Laute (G, O, R, U).

Es gibt moderate/normale Buchstaben (A, B, E, K, L, M, N, R, SCH) und extreme/exzentrische (Ä, i, J, Ö, P, Q, U, X, Y, Z).

2.2 Buchstaben und Urprinzipien/ Tierkreiszeichen

2.2.1 Buchstaben und Urprinzipien

sonnenbetonte Buchstaben: R, M, O, W, AU, SCH, a.o, (L)

merkurbetonte Buchstaben: E, i, H, G, (K, P, D, N, S)

venusbetonte Buchstaben: A, ie, Ü, W, D, L, (V, M, S, SCH, B, F)

mondbetonte Buchstaben: El, D, M, (L, W, O, U, Q)

marsbetonte Buchstaben: i, J, R, CK, Z, B, G, L, a.o, (F, H, O, P, S, T, V, W, X, SCH)

jupiterbetonte Buchstaben: O, Ö, F, J, W, Y, CH, Ü, (L, G, M, ie, CK, SCH)

saturnbetonte Buchstaben: N, T, R, U, K, Z, (H, P, S, El, X)

uranusbetonte Buchstaben: J, P, X, Y, Z, Ö, Ü, Q, (i, U, CK, S, V, i.a, o.a, u.o)

neptunbetonte Buchstaben: D, V, CH, L, N, S, SCH, J, (F, G, H, W, O)

plutobetonte Buchstaben: P, F, V, (C, CH, H, X, Z)

A: Venus
B: Mars, (Venus)
C: (Merkur)
D: Mond, Venus, Merkur
E: Merkur
F: Jupiter, (Pluto)
G: Mars, Merkur, (Jupiter)
H: Merkur, (Saturn, Mars/Pluto)
i: Mars, Merkur
J: Jupiter, Uranus, Mars
K: Saturn, (Merkur)
L: Venus, Mars, (Mond, Jupiter)
M: Mond, (Venus, Jupiter)
N: Saturn, (Merkur, Neptun)
O: Jupiter, (Sonne, Mond)
P: Uranus, Mars/Pluto
Q: Uranus, Mond
R: Saturn, Mars, Sonne
S: Venus, Mars, Saturn
T: Saturn, (Mars)
U: Saturn, Uranus
V: Mars/Pluto, Venus/Neptun
W: Venus, Jupiter, Sonne
X: Uranus, Mars/Pluto
Y: Uranus, Jupiter
Z: Mars, Saturn, Uranus
Ä: Uranus, Mars
Ö: Mond, Jupiter, Uranus
Ü: Venus, Jupiter, Uranus
ie: Venus, Jupiter
EI: Mond, (Saturn)
CH: Jupiter, (Neptun, Pluto)
AU: Sonne
SCH: Venus, Mars, (Jupiter)

Zu den einzelnen Urprinzipien passende Vornamen:

Merkur:
Peter, Erich, Heinz, Edwin, Heiner, Philipp, Helge, Gerd, Kevin, Kenneth, Heinrich, Dieter, Siegfried; Helen, Hildegard, Heide, Inge, Ellen, Kerstin, Gerdi, Hedda, Helga, Irene, Edith, Silke, Ingrid, Elke, Erika, Heike, Sigrid

Venus:
Alban, Allan, Abraham, Albert, Alexander, Alfred, Amadeus, Andreas, Adolf, Armando, Damian, Daniel, Dietmar, Harald, Ludwig, Walter, Waldemar; Angela, Amalie, Alexandra, Amanda, Andrea, Anabel, Arabella, Anneliese, Annemarie, Barbara, Dana, Dagmar, Daniela, Lana, Leslie, Nastassja, Pamela, Sandra, Sally, Vanessa, Wanda

Mars:
Fritz, Willy, Richard, Ricky, Moritz, Boris, Martin, Igor, Ignaz, Hektor, Jack, Victor, Rolf, Ralf, Robert, Roger, Franco, Hilger, Patrick, Till, Sigi; Iris, Rita, Birgit, Rebecca, Tina, Kathrin, Sigrid, Gritt, Rike, Viktoria

Mond:
Erwin, Emil, Erich, Elvis, Donald, Wendelin, Demian, Meinrad; Edith, Heide, Heike, Meike, Leila, Olga, Mona, Hedwig, Melanie, Debbie, Elfriede, Emmi, Edwina, Heidi, Leslie, Rosemarie

Jupiter:
Wolfgang, Wolf, Willy, Wilfried, Wilhelm, Joachim, Josef, Jörg, Jeff, Janosch, Jimmy, Florian, Golo, Siegfried, Oswald, Olaf, Friedrich, Michael, Fidel, Geoffrey, Jo(e); Olivia, Jasmin, Josefine, Faye, Florence, Dolly, Molly, Lola, Lilly, Sieglinde, Viola, Wally, Vicky, Jessie, Jackie, Felicia

Saturn:
Reinhard, Peter, Ernst, Heinz, Heiner, Herbert, Hubert, Bert, Benedikt, Arne, Rainer, Karsten, Rupert, Nathan, Knut, Kenneth, Kunibert,

	Kurt, Hartmut, Arthur, Tristan, Urs; Nina, Rita, Annette, Aretha, Bettina, Kathrin, Käthe, Therese, Resi, Ruth, Tina, Zita, Ute, Susanne, Herta, Grete, Kerstin, Renate, Ulrike, Tess
Uranus:	Jörg, Julius, Ignaz, Fritz, Xaver, Ulf, Philipp, Ilja, Nicolaus, Fridolin, Joachim, Jonas, Jupp, Tobias, Hieronymus, Linus; Pia, Peggy, Petula, Uschi, Sylvia, Zita, Jutta, Zenzi, Uljana, Julia, Cynthia, Lydia, Mitzi
Neptun:	Wendelin, Michael, David, Daniel, Manuel, Ludwig, Damian, Adolf; Daphne, Dana, Lana, Laura, Lydia, Mandy, Melanie
Pluto:	Patrick, Vinzenz, Victor, Steffen, Felix, Fritz; Steffi, Victoria, Sylvia, Franziska, Priscilla, Fulvia

Einige merkurbetonte Namen:
Hegel, Heinrich Hertz, Heinz Haber, Heinrich Heine, Hermann Hesse, Heiner Geißler, Hans-Dietrich Genscher, Henry Kissinger, Erhard Eppler, Peter Niehenke, Irene Epple, Elke Heidenreich, Hildegard Knef

Einige mondbetonte Namen:
Eduard Dietl, Frederic Dard, Elke Heidenreich, Hedwig Courths-Mahler, Juliane Werding, Angelica Domröse, Wilhelm Leibl

Einige venusbetonte Namen:
Casanova, Alfred Adler, Lauren Bacall, Hans Albers, Hans Fallada, Vaclav Havel, Dagmar Hase, Marie-Luise Marjan, Pamela Anderson, Amanda Lear, Agnes Miegel, Charles Aznavour

Einige marsbetonte Namen:
Martina Hingis, Diana Rigg, Gerhard Ritter, Mick Jagger, Joe Cocker, Mark Spitz, Klaus Kinski, Kurt Schwitters, Yul Brynner, Adolf Hitler, Wilhelm Frick, Robert Fischer

Einige jupiterbetonte Namen:
Joachim Fuchsberger, Oliver Cromwell, George Orwell, Michael J. Fox, Jodie Foster, Michail Gorbatschow, Ferdinand Foch, Wolfgang Fierek, Friedrich Flick, O.W. Fischer

Einige saturnbetonte Namen:
Peter Hartmann, Peter Niehenke, Harry Truman, Nina Ruge, Heinz Rühmann, Tina Turner, Margaret Thatcher, Horst Tappert, Ernst Kaltenbrunner, Kenneth Starr, Ernst Reuter

Einige uranusbetonte Namen:
Jean Pütz, Lisa Fitz, Ida Lupino, Johann Hölzel, Frank Zappa, Joan Baez, Pia Zadora, Lucia Popp

Einige neptunbetonte Namen:
Salvador Dali, David Bowie, Daniel Defoe, Michael Douglas

Einige plutobetonte Namen:
Pinochet, Pablo Picasso, Sylvia Plath, Vincent Price, Max Pulver

2.2.2 Buchstaben und Tierkreiszeichen

widderbetonte Buchstaben:	i, Z, TZ, CK, ß, FR, X, Ä, (K, N, H, P, T, CH, J)
stierbetonte Buchstaben:	B, D, M, W, IE, SCH, G, (O, AU)
zwillingebetonte Buchstaben:	H, i, E, G, P, NG, (F, K, L, N, Z, B, R, u.o)
krebsbetonte Buchstaben:	D, M, EI, Q, U, Ö, o.e, o.a, (L, K, F, J, O, Y)
löwebetonte Buchstaben:	R, M, W, AU, a.o, o.i, (O, Ö, U, SCH, L, B, G, H)
jungfraubetonte Buchstaben:	E, C, F, Ü, Z, CK, EU, ST, (K, P, D, G, S, IE)

waagebetonte Buchstaben:	L, A, D, N, V, W, Y, IE, u,i, (J, SCH, H, K, T, o.a, EI)
skorpionbetonte Buchstaben:	P, S, U, X, C, CH, F, G, Y, (Q, J, Z, ST, EE/e.e)
schützebetonte Buchstaben:	J, W, O, Ö, OU, C, Ü, V, SCH, i.o, (L, M, CH)
steinbockbetonte Buchstaben:	T, Z, U, R, N, K, A, H, G, X, (a.o)
wassermannbetonte Buchstaben:	P, J, Y, Z, Q, i.a, o.a, (V, X, ß, F, i, i.o, i.u, T)
fischebetonte Buchstaben:	A, CH, AU, AI, F, PH, S, SCH, EI, (D, H, i, L, J)

A: Steinbock, Fische, Waage
B: Stier
C: Jungfrau, Skorpion
D: Stier, Krebs
E: Jungfrau, Zwillinge
F: Jungfrau, Fische
G: Zwillinge, Steinbock
H: Zwillinge, Fische
I: Widder, Zwillinge
J: Schütze, Wassermann
K: Steinbock, Widder
L: Waage, Schütze
M: Stier, Krebs, Löwe
N: Steinbock, Waage
O: Schütze, Löwe, Krebs
P: Skorpion, Wassermann
Q: Krebs, Wassermann
R: Löwe, Steinbock
S: Skorpion, Fische
T: Steinbock, Waage, Widder
U: Skorpion, Steinbock, Krebs
V: Waage, Schütze

W: Schütze, Löwe
X: Skorpion, Widder
Y: Schütze, Wassermann
Z: Steinbock, Jungfrau
AU: Löwe, Fische
EI: Krebs
IE: Stier, Waage
EU: Jungfrau, Schütze
Ä: Widder, Fische
Ö: Krebs, Fische
Ü: Schütze, Jungfrau
CH: Fische, Skorpion
SCH: Schütze, Fische
A.o: Löwe, Steinbock
O.a: Wassermann, Krebs
A.i: Fische, Löwe
I.a: Wassermann, Jungfrau
O.i: Löwe, Zwillinge
i.o: Schütze, Wassermann

Doppelbuchstaben (z. B. nn, ll, gg) passen i. A. zu den Zeichen Waage, Schütze und Widder.

Die Buchstaben harmonieren oft mit einer ganzen Reihe von Zeichen. (z. B.: Der Buchstabe D passt vor allem zu den Zeichen Stier, Krebs und Waage und harmoniert auch mit den Zeichen Löwe, Jungfrau, Wassermann und Fische.) Manchmal harmoniert ein Buchstabe mit einem Zeichen und auch mit dem Gegenzeichen dieses Zeichens. (z. B.: F passt zu Jungfrau und auch zu Fische; L passt zu Waage und harmoniert auch mit Widder.)

Große/kraftvolle Buchstaben
(z. B. AU, M, O, W, SCH) harmonieren i. A. mit den Zeichen Löwe und Schütze.

Kleine/leichte Buchstaben
(z. B. E, F, P, Z) harmonieren i. A. mit den Zeichen Zwillinge und
Jungfrau.

Harte Buchstaben
(z. B. H, K, P, T, Z) harmonieren i. A. mit den Zeichen Widder
und Steinbock.

Weiche Buchstaben
(z. B. D, El, M, W, SCH) harmonieren i. A. mit den Zeichen Krebs
und Fische.

Buchstaben mit hoher Frequenz/hohe Laute
(z. B. F, i, H) harmonieren i. A. mit den Zeichen Zwillinge und
Wassermann.

Buchstaben mit niedriger Frequenz/tiefe Laute
(z. B. G, R, U) harmonieren i. A. mit den Zeichen Skorpion und
Steinbock.

Schlanke/magere Buchstaben
(z. B. H, i, K, P, T, Z) harmonieren i. A. mit den Zeichen Widder,
Zwillinge und Steinbock.

Volle Buchstaben
(z. B. D, M, O, Ö, SCH) harmonieren i. A. mit den Zeichen Stier,
Krebs und Schütze.

Unruhige/dynamische Buchstaben
(z. B. Ä, F, H, i, R) harmonieren i. A. mit den Zeichen Widder
und Zwillinge.

Ruhige/statische Buchstaben
(z. B. AU, M, U) harmonieren i. A. mit den Zeichen Stier, Krebs
und Fische.

Normale/moderate Buchstaben
(z. B. B, D, El, L, M) harmonieren i. A. mit den Zeichen Stier und Waage.

Exzentrische/extreme Buchstaben
(z. B. J, P, Q, X, Y, Z) harmonieren i. A. mit den Zeichen Skorpion und Wassermann.

Zu den einzelnen Tierkreiszeichen gut passende Vornamen:

Widder:	Jack, Kirk, Fritz, Nick, Nigel, Nikita, Till, Lutz, Hank, Rick, Clint, Cliff, Viktor; Iris, Nina, Ingrid, Britt, Kirsten, Liz, Tina, Kathrin, Jill, Trixi, Gritt, Zita
Stier:	Bernd, Birger, Bodo, Baldur, Dagobert, Dietmar, Edmund, Dankward, Waldemar, Wieland; Barbara, Burgunde, Edda, Debbie, Deborah, Dora, Danuta, Dagmar, Maud, Waltraud
Zwillinge:	Hans-Peter, Hans-Dieter, Heribert, Heiner, Heinz, Harri, Hugo, Hoimar, Philipp, Felix; Helga, Helen, Hilde(gard), Inge, Gisela, Gabriele, Brigitte, Gitte, Shirley, Heike
Krebs:	Emil, Ferdinand, Ewald, Oswald, Edwin, Kevin, Olaf, Donald, Neil, Wendelin, Dennis, Eddie; Emma, Edith, Heide, Meike, Jessica, Adelheid, Mona, Ulla, Melinda, Elli, Judy, Dolly
Löwe:	Arnold, Artur, Armando, Boris, Markus, Mauro, Rasmus, Robert, Roger, Rolf, Rudolf, Wolfram;

Rosemarie, Romy, Ramona, Margot, Rotraut, Rowena, Marion, Laura, Aurora, Wally

Jungfrau: Eduard, Eugen, Edgar, Eckert, Ernst, Franz, Steffen, Detlef, Günther, Peter, Edmund; Esther, Erika, Gertrud, Florence, Ellen, Christa, Grete, Kerstin, Pia, Felicitas, Emerenz

Waage: David, Daniel, Walter, Ludwig, Andrew, Julian, Ala(i)n, Leonardo, Donald, Hans; Angela, Annabella, Antonella, Anneliese, Lola, Lana, Liese(lotte), Luise, Nelly, Nathalie

Skorpion: Scott, Stephen, Max, Hugh, Rupert, Gunther, Justus, Jupp, Peter, Charles, Urs, Franz, Ulrich; Susanne, Sylvia, Penelope, Lucy, Ursula, Jutta, Grace, Peggy, Cynthia, Cäcilie, Scarlett

Schütze: James, Janosch, Joe, José, Joachim, Schorsch, William, Oswald, Wolfjürgen, Christoph, Bodo; Josephine, Joan, Sonja, Ornella, Dolores, Carolyn, Conny, Victoria, Molly, Lilo

Steinbock: Arthur, Anton, Hartmut, Ernst, Herbert, Karsten, Reinhard, Rainer, Arndt, Kurt, Nathan, Karlheinz; Herta, Greta, Annette, Katharina, Käthe, Renate, Ruth, Kate, Rita, Klara, Therese

Wassermann: Ignaz, Guido, Olaf, Tobias, Jonas, Jupp, Xaver, Julius, Vinzenz, Philipp, Jeff, Jürgen; Peggy, Pia, Petula, Jessica, Priscilla, Jutta, Ida, Ilona, Sylvia, Joanna, Jenny, Judith,

Fische: Alfons, Achim, Alain, Damian, Andreas, Adolf, Alois, Michail, Jonas, Joachim, Fabian; Andrea,

Aida, Adelheid, Anja, Daphne, Alma, Faye, Laura, Aurelia, Jasmin, Sally, Alison

Beispiele/Plausibelmachungen:

A – Venus:
ami, amigo, amore, angel, Adonis, apart, to adore, to admire, Dame, Gast, galant, Mama, Papa, adrett, charmant, Appetit, Lambada, Adieu, Schatz, lachen, Casanova, attraktiv, Anmut, anmachen, Ballade

A – Steinbock:
alt, antik, abstinent, Askese, akkurat, artig, Archiv, absolut, Asche, Arbeit, Amt, Ampel, Architekt, Axiom, Alpen, Arktis, Mathematik, Algebra, Amputation, Appell, Arithmetik, Arrest, Attest

AU – Fische:
Traum, Glaube, Aura, Zauber, Amulett, Rausch, saufen, blau (betrunken), Taufe, Nautik, Ahnung, eau, aqua, Halluzination

F – Jupiter:
fun, froh, famos, Fab(elhaft), fame, Freude, Fest, Feier, Fete, fine, Ferien, Furore, finden, fortune, Fülle, fruchtbar, fertile, Fortpflanzung, Familie, Schlaraffenland, Fusion, Fortschritt, Forschung, Favorit

G – Jupiter:
gut, glad, Glück, Genuss, Genese, Gunst, günstig, Geld, Sieg, Gigant, groß(artig), generös, Genie, Gabe, gern, Gold

Ü – Venus:	süß, hübsch, wünschen, verführen, küssen, blühen, Frühling, Tschüß
Ü – Jungfrau:	prüfen, nüchtern, vernünftig, Kalkül, Schüler, Übung, gründlich, ausführlich, züchtig, pünktlich, schützen, verhüten, zügeln, nützlich
IE – Jupiter:	viel, Sieg, Gier, Spiel, Genie, Riese, Familie, Karriere, Orgie, genießen, sprießen
EI/e.i – Saturn:	nein, kein, wenig, gering, leider, weigern, eisern, Eis, Zeit, Greis, Stein, Blei, Arbeit, Pleite
B – Stier:	Bauer, Brot, Bäcker, Boden, Baum, Berg, Bank, Burg, Basis, Brauch, Bauch, stabil
CH – Jupiter:	Chance, Champion, Champagner, Charme, lachen, to cheer, Wucht, sicher, wachsen, reich, rich
R – Löwe:	roi, Rex, Reich, reich, Rang, Respekt, Reputation, Ruf, Regie, royal, Recke, Regierung, Rekord, Rektor, resolut, Rolls Royce
R – Saturn/Steinbock:	rar, reduzieren, rasieren, radieren, Ruine, rein, richtig, Recht, Regel, Rost, Rabe, rank (und schlank)
R – Zwillinge:	Rede, Redaktion, Reporter, reply, rufen, Referent, Rhetorik, relativ, Radio, Rundfunk, Runen

P – Wassermann: plötzlich, pervers, Putsch, Panne, paradox, Patent, Paradiesvogel, Punk, Peripherie, explodieren, spektakulär, Flower Power

Z – Jungfrau: Zweifel, zögern, zaudern, Zeugnis, Zensur, Spezialist, Zirkel, winzig, Pinzette, Einzelheit, Arzt, Medizin, sezieren, putzen, zaghaft, ziselieren

2.3 Zu einigen Berufsgruppen/Fachrichtungen passende Buchstaben

Zum Sport passende Buchstaben: B, i, J, a.o, O, R, L, G, S, F (marsbetonte Buchstaben)

Beispiele:

B: Bewegung, Ball, Boxen; Robert Beamon, Björn Borg, Boris Becker, Franz Beckenbauer

i: Sprint, Ski, Tennis, Schwimmen; Kristin Otto, Mark Spitz, Martina Hingis

J: to jump; Ben Johnson, Earvin Johnson, Rafer Johnson, Jürgen Hingsen, Jesse Owens

a.o: Kraftsport, Marathon; Michael Groß, Dayley Thompson, Marita Koch, Emil Zatopek

O: Sport, Hockey, Stossen; Kristin Otto, Ben Johnson, Björn Borg, Robert Beamon

F: Fechten, Wurf, Lauf; Florence Griffith-Joyner, Steffi Graf, Joe Frazier

G: Gymnastik, Bergsteigen, Sprung; Steffi Graf, Michael Groß, F. Griffith-Joyner

L: Lauf, Leichtathletik, Ball; Carl Lewis, Udo Lattek, Jeannie Longo, Michael Groß

S: Sport, Sprung, Sprint, Ski; Mark Spitz, Steffi Graf, Edwin Moses, Carl Lewis

Zur Technik passende Buchstaben: i, E, P, K, T, Z, R
(merkur-, uranus- und marsbetonte Buchstaben)

Beispiele:

i: Technik, Fabrik, Ingenieur; Ferdinand Zeppelin, Gottlieb Daimler
E: Alexandre Eiffel, Hugo Eckener, Thomas A. Edison, Ferdinand Zeppelin, Werner v. Siemens
K: Werk(zeug), Technik, Optik, Fabrik, Kurbel; Alfred Krupp, Hugo Junkers, Felix Wankel
P: Apparat, Pedal, Patent, Propeller; Alfred Krupp, F. Porsche, Ferdinand Zeppelin, Robert Oppenheimer
Z: Zahnrad, Werkzeug, Flugzeug, Zündkerze; Carl Zeiss, Ferdinand Zeppelin, Konrad Zuse
R: Motor, Gerät, Regler, Fahrrad; Wilhelm Röntgen, Robert Fulton, Robert Oppenheimer
T: Technik, Motor, Turbine, Stahlhütte; James Watt, Nikolaus Otto, Thyssen, Thomas A. Edison

Einige gut zur Technik passende Vornamen:
Peter, Steffen, Günther, Heinz, Fritz, Eckert, Thorsten

Zur Kunst (Malerei/Musik) passende Buchstaben: A, D, L, M, V, O (venus- und mondbetonte Buchstaben)

Beispiele:

A: art (= Kunst), Malerei, Aquarell, Arie; Marc Chagall, W. Amadeus Mozart, Salvador Dali
D: Bild, Mode, Design; Salvador Dali, Otto Dix, Edgar Degas, van Dyck, Albrecht Dürer

L: Lied, Malerei, Lyrik; John Lennon, Max Liebermann, Wilhelm Leibl, Franz von Liszt

M: Muse, Musik, Malerei, Melodie, Mode; Michelangelo, Mozart, Marc Chagall, Claude Monet

V: Vincent van Gogh, Salvador Dali, Verdi, Vivaldi, Charles Aznavour

O: Mode, Ornament; Wolfgang A. Mozart, John Lennon, Pablo Picasso, José Orozco, Otto Dix

2.4 Die Geschlechtlichkeit der Buchstaben/Buchstabenkombinationen

Einige Kriterien für die Geschlechtszuordnung:

Hohe Laute/Buchstaben
(z. B. C, F, i) sind i. A. eher weiblich.

Tiefe Laute/Buchstaben
(z. B. U, R, O, G) sind i. A. eher männlich.

Weiche Buchstaben
(D, W, EI, IE, SCH, M, S, U) sind i. A. weiblich.

Harte Buchstaben
(H, K, N, P, R, T, X, Z) sind i. A. männlich.

Volle Buchstaben
(AU, D, O, Ö, M, W, SCH, IE) sind i. A. weiblich.

Schlanke Buchstaben
(H, i, J, K, N, P, T, V, CH) sind i. A. männlich.

Dynamische, unruhige Buchstaben
(i, J, i.u, i.a, B, F, H, P, R, TZ, Ä, V, Ü) sind i. A. männlich.

Statische, ruhige Buchstaben
(A, AU, U, Al, El, D, M) sind i. A. weiblich.

Merkurbetonte Buchstaben
(E, i, G, H, K, P) sind i. A. männlich.

Mond- und venusbetonte Buchstaben
(A, IE, El, D, L, SCH, M, V, W, U, Ö) sind i. A. weiblich.

(Die Buchstaben haben i. A. eine komplexe Geschlechtlichkeit und sowohl eine männliche als auch eine weibliche Seite. Nur wenige Buchstaben sind nur oder fast nur männlich oder weiblich. (z. B. H, P (nur/fast nur männlich); El, S (nur oder fast nur weiblich)) Besonders zweigeschlechtliche Buchstaben: G, i, T, U, V, Z)

A: eher männlich, als Endung meistens weiblich (A passt zum <u>A</u>nfang und hat als Endung eine andere Geschlechtlichkeit), z. B.: Mann, Bass, Bart, Casanova

B: überwiegend männlich, z. B.: Bube, boy, Bursche, Bock, Bulle, Bruder, Bass, Bart

C: eher weiblich (?)

D: weiblich, z. B.: Dame, daughter, Maid, Dirndl, Mädchen, Lady, rund, Luder

E: eher weiblich, z. B.: Elfe, Engel, Fee, Hexe, Henne, Reh, queen, mère, femme

F: weiblich, z. B.: female, feminin, Frau, femme, fille, Fähe, Elfe, wife

G: eher männlich (?), z. B.: garcon, guy, gentleman, Gaul, Gatte, General, Gott

H: männlich, z. B.: he, Herr, husband, Hengst, Hammel, Held, Herkules, hart

I: eher männlich, z. B.: Sir, Mister, viril, spitz, Ritter, Tiger, Militär

J:	männlich, z. B.: Junge, Jüngling, Jähzorn, jagen, Major, Don Juan, Jaguar
K:	eher männlich, z. B.: Knabe, Kerl, king, Kavalier, kühn, Kampf, Kadett
L:	eher weiblich, z. B.: Lady, Luder, girl, fille, Engel, Locke, Lyrik, Lolita, mollig
M:	überwiegend weiblich, z. B.: Mama, Mutter, femme, mère, Amme, Oma, Mädchen, Mamsell, Schwamm, Mund, womb, mollig
N:	überwiegend männlich, z. B.: Mann, Knabe, Knecht, Sohn, Nase, Nagel, Tenno, Potenz
O:	eher männlich, z. B.: Sohn, Onkel, Doktor, Colonel, Ochse, Bock, Potenz, Gott
P:	männlich, z. B.: Papa, père, Patron, Pascha, Opa, Erpel, Papst, Potenz, Präsident
Q:	eher weiblich, z. B.: Quelle, Qualle, queen
R:	männlich, z. B.: er, der, Herr, Sir, Bruder, Ritter, Freier, Rüde, Recke, viril
S:	weiblich, z. B.: sie, she, sister, soeur, squaw, Sau, Sirene, Stewardess, Miss
T:	eher männlich, z. B.: Ritter, Tiger, Testosteron, Trieb, Teufel, Tenno, Typ
U:	eher weiblich, z. B.: Mutter, Hure, Puppe, rund, Kuh, Stute, Pute, Blume
V:	eher männlich, z. B.: viril, vehement, Vater, Vetter, Kavalier, devil, Casanova
W:	weiblich, z. B.: woman, wife, weich, womb, witch, squaw, Schwester, schwanger
X:	eher weiblich, z. B.: Hexe, Nixe, vixen, Xanthippe
Y:	eher weiblich, z. B.: Lady, Nymphe, Lyrik, Zyklus
Z:	eher weiblich (?), z. B.: Zyklus, Zofe, Ziege, zart, Pelz, Amazone
Ä:	männlich, z. B.: Jähzorn, Jäger, Säbel, Säge, Militär, Dämon, Präsident

Ö:	weiblich, z. B.: Östrogen, schön, Göttin, Stöckelschuhe, Göre
Ü:	eher männlich, z. B.: Jüngling, lüstern, Führer, Fürst
ß:	eher männlich, z. B.: Biß, Schuß, Fußball
AU:	eher weiblich, z. B.: Frau, daughter, Taube, Sau, Maus, Bauch
EI/e.i:	weiblich, z. B.: weich, Ei, feminin, Prinzessin
IE:	eher männlich (?), z. B.: Trieb, Krieg, Riese, Sieg, Kavalier
EU:	eher männlich (?), z. B.: Teufel, Feuer
CH:	überwiegend männlich, z. B.: Chef, fechten, Knecht, Ochse, lecherous
TZ:	männlich, z. B.: spitz, Hatz
ST:	eher männlich, z. B.: mister, Meister, Hengst, stramm, Testosteron
a.e:	männlich, z. B.: Vater, Knabe, tapfer, Gatte, Kadett, male, Waffe, Lanze
o.e:	weiblich, z. B.: Tochter, Rose, Nonne, Locke, Wolke, Polster, Tomate
a.o, e.o, i.o:	männlich
o.a, e.a, o.i:	eher weiblich, z. B.: Tomate, Lolita, rosa
u.e:	eher weiblich, z. B.: Mutter, Hure, Stute
u.i:	eher weiblich, z. B.: ruhig, Musik, blumig
i.u:	eher männlich, z. B.: Impuls, virulent

Einige besonders männliche männliche Vornamen:

Albert, Anton, Arne, Arno, Brian, Bruno, Günther, Hajo, Hank, Harro, Horst, Igor, Ivan, Jack, Jan, Jochen, John, Jürgen, Kirk, Nathan, Norbert, Ragnar, Rainer, Rainhard, Ralph, Ron, Rupert, Theodor, Viktor

Einige weniger männliche männliche Vornamen:

Dennis, Donald, Eddy, Edwin, Elmar, Elvis, Emil, Ferdinand, Felix, Fred(y), Ludwig, Manuel, Meinrad, Olaf, Oswald, Samuel, Ted, Uli, Wendelin, Wim

Einige besonders weibliche weibliche Vornamen:

Cosima, Daisy, Dolly, Drew, Edda, Elfie, Elise, Emma, Felicitas, Jessica, Lolita, Luise, Melanie, Molly, Muriel, Rosalie, Selma, Susi, Ulla, Uschi

Einige weniger weibliche weibliche Vornamen:

Anke, Antonia, Barbara, Berta, Birgit, Gritt, Hannelore, Herta, Ingeborg, Ira, Janet, Johanna, Karin, Kathrin, Katja, Marion, Nora, Petra, Rachel, Ramona, Rike, Roberta, Sharon, Tanja, Vera, Viktoria

Einige besonders männliche Namen:

(Die damit benannten Männer sind/waren auch sehr männlich)

Richard Branson	(R, i, CH, A, B, N, O, i.o und a.o sind männlich)
Hans Brenner	(H, A, N, B, R und a.e sind männlich)
Charles Bronson	(CH, A, R, B, O, N, a.e, a.o und e.o sind männlich)
Casanova	(A, N, O, V und a.o sind männlich)
Bill Clinton	(B, i, N, T, O und i.o sind männlich)
Charlton Heston	(CH, A, R, T, O, N, H, ST, a.o, a.e und e.o sind männlich)
Don Johnson	(O, N, J und H sind männlich)
John Lennon	(J, O, H, N und e.o sind männlich)
Abraham Lincoln	(A, B, R, H, i, N, O, a.o und i.o sind männlich)
Napoleon	(N, A, P, O, a.o und a.e sind männlich)
Jack Nicholson	(J, A, K, N, i, CH, O, a.o und i.o sind männlich)
David Niven	(A, V, i, N, a.e und i.e sind männlich)
Richard Nixon	(R, i, CH, A, N, O, i.o und a.o sind männlich)
Oliver North	(O, i, V, R, N, T, H.und i.e sind männlich)
Jean Pütz	(J, N, P, Ü und TZ sind männlich)
Jochen Pützenbacher	(J, O, CH, N, P, Ü, TZ, N, B, A, R und a.e sind männlich)

| Anthony Quinn | (A, N, T, H, O, i und a.o sind männlich) |
| Arnold Schwarzenegger | (A, R, N, O, G, a.o und a.e sind männlich) |

Einige etwas weibliche männliche Namen:

Emanuel Geibel	(E, M, U, L, EI, a.u und e.i sind weiblich)
Edmund Heines	(E, D, M, U, EI, S, u.e und u.i sind weiblich)
Jerry Lewis	(E, Y, L, W, S, e.y und e.i sind weiblich)
Eduard Mörike	(E, D, U, M, Ö, u.i und u.e sind weiblich)
Edwin Moses	(E, D, W, M, S, e.i und o.e sind weiblich)
Claude Weiss	(C, L, AU, D, E, W, EI und u.i sind weiblich)
Oscar Wilde	(S, C, W, L, D, o.a, o.i und o.e sind weiblich)

Einige besonders weibliche Namen:

(Die damit benannten Frauen sind/waren auch sehr weiblich)

Angelica Domröse	(E, L, C, D, M, Ö, S, e.i und o.e sind weiblich)
Faye Dunaway	(F, Y, E, D, U und W sind weiblich)
Sophie von Kessel	(S, E, L, o.i und o.e sind weiblich)
Sunnyi Melles	(S, U, Y, M, E, L, u.i und u.e sind weiblich)

Demi Moore	(D, E, M, e.i und o.e sind weiblich)
Michelle Pfeiffer	(M, E, L, F und El sind weiblich)
Sydne Rome	(S, Y, D, E, M und o.e sind weiblich)
Esther Schweins	(E, S, SCH, W, El und e.i sind weiblich)
Elisabeth Teissier	(E, L, S, El und e.i sind weiblich)
Simone Weil	(S, M, E, W, El, L und o.e sind weiblich)
Heidelinde Weis	(El, D, E, L, W, S und e.i sind weiblich)
Juliane Werding	(U, L, E, W, D, u.i, u.e und e.i sind weiblich)
Kim Wilde	(M, W, L, D und E sind weiblich)

Einige etwas männliche weibliche Namen:

Nina Hagen	(N, i, H, A, G, i.e und a.e sind männlich)
Rhea Harder	(R, H, A und a.e sind männlich)
Katherine Hepburn	(K, A, T, H, R, i, N, P, B, a.e, i.e und e.u sind männlich)
Janis Joplin	(J, A, N, i, O, P und a.o sind männlich)
Kathrin Krabbe	(K, A, T, H, R, i, N, B, a.e und i.e sind männlich)
Annie Lennox	(A, N, IE, O, a.e, a.o, i.e und i.o sind männlich)
Martina Navratilova	(A, R, T, i, N, V, O, a.o und i.o sind männlich)

3. Die Zahlen

Ein Name hat immer bestimmte Anzahlen von Buchstaben (und Lauten). (Beim Vornamen, beim Nachnamen und beim ganzen Namen.) Diese werden bei der Namensanalyse gedeutet. Die Anzahlen der Buchstaben/Laute sind sicher weniger wichtig als die Buchstaben selbst und i. A. schwieriger zu deuten/beurteilen.
Dass die Anzahl der Buchstaben/Laute die Bedeutung der Worte beeinflusst/mitprägt, sieht man z. B. daran, dass sehr ähnliche Worte mit unterschiedlicher Buchstabenzahl oft ganz verschiedene Bedeutungen haben. (z. B.: Mut – Mutter, Waffe – Waffel, taub – Taube, Qual – Qualität)

Ungerade Zahlen gelten als männlich, gerade Zahlen als weiblich.

3.1 Zahlen und Urprinzipien

1: Sonne, Saturn
2: Mond, (Venus, Mars (?))
    (Sextil (venusbetonter Aspekt) = 2 x 30 Grad)
3: Jupiter, (Mars)
    (Quadrat (marsbetonter Aspekt) = 3 x 30 Grad)
4: Uranus, (Jupiter (?))
    (Trigon (jupiterbetonter Aspekt) = 4 x 30 Grad)
5: Merkur, (Neptun (?))
    (Quinkunx (neptunbetonter Aspekt) = 5 x 30 Grad)
6: Venus, (Saturn (?))
    (Opposition (saturnbetonter Aspekt) = 6 x 30 Grad)
7: Mars, Neptun (?), (Jupiter, Uranus)
8: Saturn
9: Neptun (?), Pluto (?), (Mond (?))

Obwohl die Zuordnungen i. A. sehr schwierig sind, sind einige Zusammenhänge sehr stimmig und ziemlich sicher. (3 – Jupiter, 5 – Merkur und 6 – Venus.)
Die Zahl 4 wird meistens dem Saturn zugeordnet.

Sonne:
Die Sonne passt zur Einheit. Sie kommt an erster Stelle und ist wie die Zahl 1 fundamental.

Mond:
Der Mond ist wie die Zahl 2 urweiblich. (Alle geraden/weiblichen Zahlen sind ein Produkt mit der Zahl 2.) Der Mond passt zur Partnerschaft/Zweisamkeit. Der Mond ist im Vergleich zu anderen Planeten naheliegend, die Zahl 2 liegt ebenfalls relativ nahe am Ausgangspunkt. (0 oder 1)

Merkur: Der Geist/Verstand (Merkur) ist etwas Zentrales und neutral. (Die Zahl 5 ist die Mitte der Grundzahlen 1 – 9 und dadurch neutral/nicht nach einer Seite geneigt.) Der Merkur passt zu einer ungeraden/männlichen Zahl.

Venus:
Die Venus passt zu Harmonie/Ausgeglichenheit und deshalb zu einer mittelgroßen Zahl. Sie passt besser zur 6 als zur 5. (Die 6 ist gerade/weiblich, eine kleine Abweichung von der Mitte ist reizvoll und bei der Zahl 6 auch eine (ebenfalls zur Venus passende) Zugabe.) Außerdem passt die Venus zur Zahl 2. (Die 2 ist gerade/weiblich und die Mitte der Zahlen 1, 2 und 3.)

Mars:
Die Zuordnung zu einer Zahl ist etwas schwierig, denn der Mars ist sehr dynamisch, eine Zahl dagegen statisch. Er würde am besten zu + 2, zu einer Erhöhung um 2 Einheiten passen. Als Ausgangspunkt für diese Erhöhung kann man die 0, die 1 oder die in der Mitte liegende Zahl 5 nehmen und kommt dann zu

den Zuordnungen 2 – Mars, 3 – Mars und 7 – Mars. (Es kommen vor allem ungerade/männliche Zahlen in Frage; die 5 passt wegen ihrer Neutralität nicht, die hochentwickelte Zahl 9 ist ebenfalls unpassend.)

Jupiter:
Der Jupiter passt zu der Zahl 3, denn die 3 wird noch auf die Zahlen 1 und 2 bezogen, ist aber schon etwas größer/reichhaltiger.

Saturn:
Der Saturn passt zur Zahl 1 (und zur 10), denn die 1 ist die kleinste/reduzierteste ganze Zahl. Er passt auch gut zur Zahl 8, denn die 8 wird auf die 10 bezogen (sie ist annähernd so groß und ebenfalls gerade) und ergibt sich aus der 10 durch eine Reduzierung um 2 Einheiten.

Uranus:
Am naheliegendsten ist die Zuordnung zur Zahl 7, denn die 7 ist eine etwas schräge und ungerade Zahl. Die Zahl 4 ist zwar nicht ungewöhnlich und gerade, weicht aber etwas von der Mitte (5) ab. Sie ist schon etwas größer/höher entwickelt (das Uranusprinzip ist etwas komplizierter), liegt aber noch unterhalb der 5 (Merkur). (Das Uranusprinzip ist irrational.)

Neptun:
Der Neptun passt wahrscheinlich zu der Zahl 7 oder zur 9. (Mit der Entwicklung von der 9 zur 10 löst sich die Zahl an der 1. Stelle auf.)

Pluto:
Der Pluto passt wohl am ehesten zur 9. (Er ist der am weitesten von der Erde entfernte Planet. Die Entwicklung von der 9 zur 10 ist mit einer Umwandlung verbunden.)

Beispiele/Plausibelmachungen:

3 – Jupiter:
gut, Top, Hit, to win, Lob, fab, joy, fun, Fan, yes, Mut, Tip, Rat, Gag, pur, rar, Sir, Boß, Fee, Wal, UNO, USA (Land der unbegrenzten Möglichkeiten), fit, Mai (Wonnemonat), Kap der Guten Hoffnung, Jet-set, Auf-bau, toi toi toi (Die meisten dieser Worte sind positiv besetzt, einige sind vom eigentlichen Wortsinn her eher neutral. (z. B. pur = unvermischt, rar = selten, Tip = Kurzinformation, Mut = Initiative + Risikobereitschaft))

(Politische Parteien haben meist ein Kürzel, das aus 3 Buchstaben besteht. (z. B. CDU, CSU, SPD, FDP))

4 – Uranus:
Idee, Witz, toll, Narr, irre, Mode, Tanz, to jump, urig, Tick, wirr, Kauz, Hupe, Hexe, zick-zack, Mond-kalb; Otto (Waalkes), Emil (Steinberger), Gerhard Polt, Lisa Fitz, Karl Dall, Karl Valentin, Marx-Brothers, Stan Laurel, Dick und Doof, Nina Hagen, Elton John, Salvador Dali

5 – Merkur:
Geist, Ratio, Grips, to think, brain, Logik, -logie, Mathe(matik), Lehre, Frage, Dekan, debil, weise, Idiot, Genie, lesen, reden, sehen, Datei, Folge, Regel, Axiom; Hegel, John Locke, Leonardo da Vinci, Isaac Newton, Kurt Gödel, Leonhard Euler, Jules Verne, Ernst Bloch, Lenin, Johannes Gross, Heinz Haber, Bill Gates, Ernst Klett, Leonard Nimoy (spielte den sehr verstandesbetonten Mr. Spock (ebenfalls 5 Buchstaben)), Bunte, Stern, Quick, Focus, Times, Heute (Zeitschriften/Zeitungen/Nachrichtensendungen), Bibel, Koran, Duden (Bücher)

6 – Venus:
Freund, Kumpel, Schatz, Charme, hübsch, pretty, beauty, galant, Libido, Wunsch, Faible, Freude, singen, Idylle, Zucker, lecker,

Bonbon, lachen, Mutter, Himmel; Liz Taylor, Marilyn Monroe, Senta Berger, Pamela Anderson, Verona Feldbusch, Birgit Schrowange, Stefanie Hertel, Marie-Luise Marjan, Mozart, Chopin, Rubens, Sascha Hehn, Robert Redford, Jimmy Carter, Roberto Blanco, Helmut Kohl, Helmut Fischer, Dieter Hallervorden, Boris Becker, Thomas Ohrner, Thomas Gottschalk, Lionel Richie, Alfred Biolek, Heintje Simons

7 – Mars:
Antrieb, Energie, Dynamik, Dynamit, Angriff, Attacke, Feldzug, Fußball, courage, Kämpfer, Amazone, Samurai, Schwert, Pistole, Patrone, Granate, Militär, Colonel, General, Admiral, Polizei, Sheriff, Stachel, Stilett, Harpune, Schmied, Metzger, Chirurg, Nashorn, Pitbull-Terrier, Piranha, Tollwut, Werwolf; Kirk Douglas, Bud Spencer, Raimund Harmsdorf, Yul Brynner, Charles Bronson, Edgar Wallace, Karl May, Gebhard L. Blücher, Ulysses Grant, Hermann Göring, Saddam Hussein, E. Ferrari, F. Porsche, Little Richard, OO7 (James Bond), Cassius Clay, Joe Frazier, Emil Zatopek, Jürgen Hingsen, Ben Johnson, Michael Groß, Martina Navratilova, Martina Hingis, Edmund Hillary, Reinhold Messner, Rüdiger Nehberg, „Der Texaner", „Aguirre, der Zorn Gottes", „Der Seewolf" (Titel einiger marsbetonter Filme)

8 – Saturn:
Verzicht, Ausdauer, Reinheit, Gewissen, Vernunft, Wahrheit, Klarheit, nüchtern, konstant, Kalender, Struktur, Schatten, Marathon, Bergwerk, Geologie, rasieren, Friedhof, Harakiri, Sintflut, Grönland, Sibirien; Otto von Bismarck, Margaret Thatcher, Konrad Adenauer, Erich Honecker, Wolfgang Schäuble, (strenge/ernsthafte/sture Politiker), Heinrich Himmler, Reinhard Heydrich, Adolf Eichmann, Roland Freisler, Pinochet (für den Tod vieler Menschen verantwortlich), Wolfgang Borchert (schrieb über Krieg und Tod), Bob Dylan, Joan Baez (machten eine relativ ernste Musik)

10 – Sonne/Löwe:
Clark Gable, Yul Brynner, Moshe Dajan, Mao Tse Tung, Bette Davis, Bud Spencer, Errol Flynn, Greta Garbo, Ava Gardner, Tina Turner, Hindenburg, Rolls Royce, John Lennon, Franz-Josef Strauß, George Washington

12 – Jupiter:
Verbesserung, Freundschaft, Lebensfreude, Begeisterung, optimistisch, Enthusiasmus, Sonnenschein, Wonneproppen, Glücksritter, Lichtgestalt, hervorragend; John F. Kennedy, Diana Spencer, Mutter Teresa, Elvis Presley, Frank Sinatra, Heinz Rühmann, Gunther Sachs, Thomas Ohrner (positiv besetzte Personen und/oder Sonnyboys)

3.2 Zahlen und Tierkreiszeichen

1: Widder, (Jungfrau (?))
2: Stier, (Waage (?))
3: Zwillinge, (Skorpion (?))
4: Krebs, (Widder)
5: Löwe, (Stier)
6: ?, (Zwillinge)
7: Jungfrau (?), (Krebs (?))
8: Skorpion, (Löwe)
9: Schütze, (Waage (?))
10: Steinbock, (Widder)
11: Wassermann, (Stier)
12: Fische, (Zwillinge)

Die Deutung der Zahlen durch Tierkreiszeichen beruht hauptsächlich auf der Reihenfolge der Tierkreiszeichen. Die sich daraus ergebenden Zuordnungen (1 – Widder bis 12 – Fische) sind auch fast alle stimmig, nur 6 – Jungfrau und 7 – Waage sind vermutlich unstimmig. (Besonders stimmig sind 5 – Löwe (die

5 ist die Mitte der Zahlen 1 – 9), 9 – Schütze (die 9 ist die am weitesten entwickelte Grundzahl) und 10 – Steinbock (das Zehnersystem gibt den Zahlen Ordnung und Struktur und ermöglicht eine knappe Darstellung der Zahlen).) Dass die Zuordnungen 6 – Jungfrau und 7 – Waage etwas unstimmig sind, liegt wohl daran, dass die Zeichen Jungfrau und Waage in der Mitte des Tierkreises liegen, sie bei dieser Zuordnung aber vom Rand/Anfang des Tierkreises und von einer gegenüberliegenden Position aus betrachtet werden. Es hängt auch damit zusammen, dass mit dem Zeichen Löwe ein Höhepunkt erreicht ist und danach ein Neubeginn der Nummerierung angebracht wäre. (1 – Jungfrau, 2 – Waage, 3 – Skorpion) Die intuitiv stimmige Zuordnung 7 – Jungfrau kann so hergeleitet werden: Jungfrau ist das 6. Zeichen und das 1. Zeichen nach dem Zeichen Löwe. (6 + 1 = 7) Dass diese Zuordnungen aufgrund der Reihenfolge der Tierkreiszeichen etwas einseitig sind, sieht man am besten an der Zuordnung 1 – Widder. Die 1 passt nur dann zum Zeichen Widder, wenn sie vom Nullpunkt aus betrachtet wird. (Dann ist sie ein Anfang, ein erster Schritt.)

Ab der Zahl 10 kann die Quersumme genommen werden. Wenn man das Zeichen Widder als 13. Zeichen auffasst (nach dem 12. Zeichen (Fische) kommt wieder Widder) und dann die Quersumme nimmt, kommt man zu der Zuordnung 4 – Widder. Von den sich analog ergebenden Zuordnungen ist 5 – Stier sicher stimmig. (Die 5 liegt in der Mitte der Zahlen 1 – 9 und passt dadurch zur Normalität/Stabilität des Zeichens Stier.)

Interessant sind auch die Zuordnungen 2 – Krebs, 3 – Löwe, 4 – Jungfrau, 5 – Waage, 6 – Skorpion, 7 – Schütze und 8 – Steinbock. (Sie scheinen richtig zu sein, allerdings ist ein Beginn der Nummerierung beim Zeichen Zwillinge wenig plausibel.)

Beispiele/Plausibelmachungen:

3 – Zwillinge:
Wim Thoelke, Reinhard Mey

3 – Skorpion:
Jamie Lee Curtis, Bruce Lee, Christopher Lee, Yul Brynner, Mae West, Clara Bow, Otto Dix, Edgar Allen Poe, Lee Marvin

4 – Widder:
wild, kühn, keck, to hunt, Jagd, Hatz, Amok, Mars, to kill, army, Heer, Wolf, Zorn, Hieb, Wurf, Colt, Zahn, to jump; Kirk Douglas, Jack Nicholson, James Bond, Mike Tyson, Terence Hill, Gerd Müller, Carl Lewis

4 – Krebs:
Baby, Kind, Mama, Papa, Amme, womb, Mond, moon, Juni/Juli, to care, love, Haut, Nest, Bach

5 – Stier:
Acker, Boden, Humus, Bauer, Agrar, Ernte, Depot, Konto, Album, Herde, Eimer, Kiste, Lager, Magen, Menge, money

5 – Löwe:
König, Fürst, Baron, Krone, Royal, Reich, Staat, Macht, Stolz, Kraft, Adler, stark, enorm, super, power, Mitte, Zenit, Sonne

7 – Jungfrau:
caution, Umsicht, Skepsis, Prüfung, Mahnung, akkurat, penibel, korrekt, sparsam, fleißig, Schüler, Student, Seminar, Vortrag, Experte, Berater, Problem, Methode, Technik, Medizin, Pflicht, Beamter, Aussage, Zweifel; Michael Jackson, James Stewart, Heinz Rühmann, Louis Pasteur, Bernhard Grzimek

8 – Löwe:
souverän, herrlich, prächtig, herrisch, arrogant, Gebieter, Karriere, Majestät, Reichtum, Egoismus, Lebemann, Raubtier, Herkules, Diktator; Napoleon, Heinrich 8., Otto von Bismarck, Königin Victoria, Margaret Thatcher, Casanova, Khomeini, Karl Marx, Konrad Adenauer, King Kong, Godzilla, Mercedes

9 – Schütze:
großzügig, Expansion, unendlich, Weltreise, Höhenflug, freizügig, sagenhaft, feierlich, exaltiert, Vergnügen, Spektakel, glorreich, Ideologie, Millionär, exzellent; Marco Polo, Gary Grant, Karl Lagerfeld, Diana Ross (machte eine sehr beschwingte Musik), Paul Getty, Ross Perot, Bill Gates (sind/waren sehr reich), Beate Uhse, Rosemarie Nitribitt, James Dean, Gerard Depardieu, (James Bond)

10 – Steinbock:
Heinz Haber, Greta Garbo, Peter Glotz

11 – Wassermann:
exzentrisch, extravagant, ausgeflippt, Außenseiter, spektakulär, explodieren, Transvestit, homosexuell, Flower Power, Quecksilber, ausgefallen, Schabernack; Otto Waalkes, Gerhard Polt, Oliver Hardy, Emil Steinberger, Janis Joplin, Tschernobyl

12 – Fische:
Mutter Teresa, Sigmund Freud, Harald Juhnke (hat Alkoholprobleme), Leonard Cohen (machte eine ruhige und fließende Musik), Art Garfunkel, Salvador Dali, Ludwig Hirsch (schrieb z. T. sehr sentimentale, mitfühlende Texte), Brian de Palma, Nicholas Roeg (machten z. T. etwas mystische und undurchsichtige/chaotische Filme)

12 – Zwillinge:
Dieter Thomas Heck, Robert Lembke, Heinz Rühmann, Heinz Erhardt

14 – Merkur:
Albert Einstein, Johannes Kepler, Galileo Galilei, Stephen Hawking, Jean-Paul Sartre, (Hans Giebenrath (Lit. Figur (H. Hesse: „Unterm Rad")))

15 – Venus:
Claudia Schiffer, Heather Locklear, Mireille Mathieu, Charles Aznavour, Bernhard Grzimek, Gerhard Schröder, Nastassja Kinski

16 – Mars:
Winston Churchill, Raimund Harmsdorf, Franz-Josef Strauß

Bei vielen bekannten Namen passen die Urprinzipien und Tierkreiszeichen, die zu den Anzahlen der Buchstaben (des Vornamens, des Nachnamens und des ganzen Namens) gehören, zu einem großen Teil gut zur Person/Verwirklichung des Namensträgers.

Einige Beispiele:

Albert Einstein:
6 – Venus: stimmig (Einstein war freundlich und war Pazifist.)
6 – Zwillinge: stimmig (Einstein war intellektuell/geistig tätig und kontaktfreudig. Die Relativitätstheorie hat mit Relativität/ geistigen Beziehungen zu tun.)
8 – Saturn: stimmig (Die Relativitätstheorie ist mathematisch formuliert, sehr grundlegend und immer noch gültig. Einstein wird meistens als alter Mann abgebildet, obwohl er seine Theorie in jungen Jahren entwickelt hat.)

8 – Skorpion: stimmig (Die Relativitätstheorie ist modellhaft und sehr tiefgründig.)

8 – Löwe: stimmig (Einstein leistete sehr viel und ist eine berühmte und angesehene Persönlichkeit.)

14 – Merkur: stimmig

14 – Löwe: stimmig

14 – Stier: z. T. stimmig (Einstein war Pazifist und strahlte Ruhe, Gelassenheit und Zufriedenheit aus.)

Adolf Hitler:

5 – Merkur: stimmig (Hitler war Ideologe und ein sehr guter Redner.)

5 – Löwe: stimmig

5 – Stier: z. T. stimmig (Hitler hatte die Sonne im Stier und seine Ideologie bezog sich auf Stier-Typisches (Boden/Lebensraum, Heimat/Volk/Tradition).)

6 – Venus: zu einem kleineren Teil stimmig, größtenteils unstimmig

6 – Zwillinge: stimmig (Hitler war ein sehr guter Redner und seine Ideologie war oberflächlich.)

11 – Wassermann: stimmig (Hitler war sehr ungewöhnlich. Er hatte verrückte und utopische Ideen/Ansichten und war überspannt und gefühlskalt.)

11 – Stier: z. T. stimmig

Helmut Kohl:

4 – Krebs: stimmig (Kohl ist gefühlsbetont und war oft launisch und passiv („Aussitzen").)

4 – Widder: z. T. stimmig (Kohl war oft etwas undiplomatisch/unbedacht.)

4 – Uranus: stimmig (Kohl ist etwas eigenartig. Er wurde früher oft karikiert und verspottet.)

6 – Venus: stimmig

6 – Zwillinge: z. T. stimmig,

10 – Widder: z. T. stimmig

10 – Sonne/Löwe: stimmig

10 – Steinbock: z. T. stimmig (Kohl hatte Pflichtgefühl und Verantwortungsbewusstsein. Er studierte Geschichte und seine Amtszeit dauerte sehr lange.)

John Lennon:

4 – Uranus: stimmig (Lennon war sehr kreativ und manchmal sehr eigenwillig und unkonventionell.)

4 – Krebs: z. T. stimmig (Lennon schrieb auch sehr gefühlvolle/ romantische Lieder.)

4 – Widder: stimmig (Lennon schrieb meistens etwas rauhere, schnellere Lieder und er hatte eine kraftvolle und energische Stimme (z. B.: „Twist and Shout", „Money").)

6 – Venus: stimmig, z. T. etwas unstimmig (Lennons Verwirklichung hatte sehr viel mit Harmonie zu tun, seine Liedtexte waren meist sehr venusbetont. Lennon selbst war manchmal etwas extrem und eher merkur- als venusbetont.)

6 – Zwillinge: stimmig (Lennon war vielseitig, einfallsreich und schlagfertig.)

10 – Sonne/Löwe: stimmig (Lennon war eine starke und ausdrucksvolle Persönlichkeit.)

10 – Steinbock: z. T. stimmig (Lennon hatte ein Faible für harte Rockmusik.)

10 – Widder: stimmig

3.3 Aspekte bei Namen

Bei der Namensanalyse sollte man auch das Verhältnis, die Beziehung zwischen der Anzahl der Buchstaben des Vornamens und der des Nachnamens betrachten/deuten. Am einfachsten ist die Betrachtung der Differenz zwischen den Anzahlen. Diese kann als Aspekt (zwischen Vor- und Nachnamen) aufgefasst werden, z. B. eine Differenz von 2 Buchstaben ist ein Sextil (= 2 x 30 Grad) bzw. kann als Sextil aufgefasst werden.

Einige Namen mit einer Konjunktion von Vor- und Nachnamen (oder mit einer Konjunktion von 1. und 2. Vornamen) (Vor- und Nachname haben die gleiche Anzahl von Buchstaben; gemischte Bewertung; Deutung: Ichhaftigkeit/Egobetonung, Selbstbewusstsein, manchmal Starallüren und Neigung zu Arroganz und Snobismus):

Martin Luther, Karl Marx, Abraham Lincoln, Margaret Thatcher, Franz-Josef Strauß, Mao Tse Tung, Ronald Reagan, Greta Garbo, Bette Davis, Errol Flynn, Clark Gable, David Niven, Robert Taylor, Alain Delon, Roger Moore, Mario Adorf, Michelle Pfeiffer, Stanley Kubrick, Michael Jackson, Madonna Ciccone, Dieter Bohlen, Johann Hölzel (Falco), Harald Juhnke, Hera Lind, Bianca Jagger, Dieter Thomas Heck, Nina Ruge, Kate Moss, Lisa Fitz, Wolfram Siebeck, Jean Pütz, Rolls Royce

Einige Namen mit einem Halbsextil zwischen Vor- und Nachnamen (Differenz von einem Buchstaben; leicht positive Bewertung; Deutung: Merkurbetontheit, Sinn für Ästhetik (die Namensteile sind ungefähr gleich lang (Ausgewogenheit); wenn der eine Namensteil etwas länger ist als der andere, ist dies ästhetischer, als wenn beide Namensteile genau gleich lang sind)):

Isaac Newton, Bertolt Brecht, Bertrand Russell, Norbert Wiener, Robert Fischer, Anatoli Karpow, Helmut Schmidt (Merkurbetontheit); Wolfgang Amadeus Mozart, Richard Wagner, René Kollo, Gary Grant, Maria Callas, Edith Piaf, Sophia Loren, Rainer Maria Rilke, Marylin Monroe, Robert Redford, Shirley Bassey, Diana Ross, Charles Aznavour, Paul Simon, Billy Joel, Elton John, Karlheinz Böhm, Claudia Schiffer (Sinn für Ästhetik)

Einige Namen mit einem Sextil zwischen Vor- und Nachnamen (Differenz von 2 Buchstaben; positive Bewertung; Deutung: harmonisches Naturell, leichtes Gelingen, Kompromissfähigkeit, Venusbetontheit):

Albert Einstein, Pablo Picasso, Wolfgang Amadeus Mozart, Frederic Chopin, Luciano Pavarotti, Elvis Presley, Frank Sinatra,

John Lennon, Brian Epstein, Cliff Richard, John Denver, Tina Turner, Bing Crosby, Johannes Kepler, Johann Wolfgang Goethe, Hermann Hesse, Louis Pasteur, Robert Koch, Sigmund Freud, John Keynes, Thomas Alva Edison, Winston Churchill, Konrad Adenauer, (John F. Kennedy), Helmut Kohl, Hans Albers, Heinz Rühmann, Humphrey Bogart, John Huston, Telly Savalas, Sascha Hehn, Walt Disney, Paul Bocuse, Roy Black, Rex Gildo, Brigitte Bardot, Catherine Deneuve, Isabella Rossellini, Pamela Anderson, Iris Berben, Diana Spencer, Veronika Ferres, Steffi Graf, Bernhard Langer

Einige Namen mit einem Quadrat zwischen Vor- und Nachnamen (Differenz von 3 Buchstaben; negative Bewertung; Deutung: unharmonisches Naturell, starke innere Spannungen, Extremismus, Marsbetontheit):
Alfred Hitchcock, Don Siegel, Stephen King, Fritz Haarmann, Mark Chapman, Benito Mussolini, Francesco Franco, Rudolf Heß, Robert Ley, Julius Streicher, Rudolf Höß, Adolf Eichmann, Erich Honecker, Johannes Gross, Jürgen Möllemann, Boy George, Herbert Grönemeyer, Kirk Douglas, Donald Pleasence, Clint Eastwood, Harry Callahan („Dirty Harry"), Gerard Depardieu, Joan Collins, Sigourney Weaver, Barbra Streisand, Wolfgang Neuss, Otto Waalkes, Gerhard Polt, Uri Geller, Lee Marvin, Wolfgang Flatz, Ronald Amundsen, Emil Zatopek, Cassius Clay, Jack Dempsey, Michael Groß

Einige Namen mit einem Trigon zwischen Vor- und Nachnamen (Differenz von 4 Buchstaben; positive Bewertung; Deutung: harmonisches Naturell, schöpferische Ruhe, Jupiterbetontheit, (Robustheit)):
George Washington, Otto (von) Bismarck, Gustav Stresemann, Michail Gorbatschow, William Shakespeare, Alexandre Dumas, Albert Schweitzer, Aristoteles Onassis, Salvador Dali, Heinrich Böll, Eckart Witzigmann, Joachim Fuchsberger, Thomas Gottschalk, Tom Selleck, Don Johnson, Louis Armstrong, Peter

Alexander, Udo Jürgens, Harry Belafonte, Cat Stevens, Jennifer Rush, Angelika Jahr, Wim Thoelke

Einige Namen mit einem Quinkunx zwischen Vor- und Nachnamen (Differenz von 5 Buchstaben; gemischte Bewertung (ein Quinkunx kann als Kombination von Sextil und Quadrat gesehen werden); Deutung: Merkurbetontheit, große Denk/Entwicklungsschritte, abschweifendes Denken):
Leonardo da Vinci, Carl Friedrich Gauß, Robert Oppenheimer, Neil Armstrong (Merkurbetontheit und/oder weite Entwicklungsschritte), Hans-Jochen Vogel, Romy Schneider, Jack Nicholson, Oskar Lafontaine (gemischte Bewertung)

Einige Namen mit einer Opposition von Vor- und Nachnamen (Differenz von 6 Buchstaben; negative Bewertung; Deutung: Hin- und Hergerissensein, innere Spannungen, (Saturnbetontheit):
Arthur Schopenhauer, Otto Lilienthal, Max Schmeling, Stanislaw Lem, Christopher Reeve

(Eine Differenz von 7 Buchstaben kann wieder als Quinkunx aufgefasst werden, eine Differenz von 8 Buchstaben als Trigon, eine Differenz von 9 Buchstaben als Quadrat usw..)

Bei vielen Namen ist eine Unterteilung des Namens möglich und damit eine Betrachtung weiterer Aspekte. Die hinzukommenden Aspekte machen die Deutung oft wesentlich stimmiger.

Beispiele:

(Der erste Aspekt ist der zwischen Vor- und Nachnamen, der zweite Aspekt ist der zwischen den unmittelbar aneinander liegenden Namensteilen, der letzte Aspekt ist der zwischen den am weitesten auseinander liegenden Namensteilen. Die besonders stimmigen Aspekte sind unterstrichen.)

Thomas Gott-schalk:	<u>Trigon</u>, <u>Sextil</u>, <u>Sextil</u>, <u>Konjunktion</u>
Rein-hold Messner:	Halbsextil, Konjunktion, <u>Quadrat</u>, Quadrat
Albert Ein-stein:	<u>Sextil</u>, <u>Sextil</u>, Quadrat, <u>Halbsextil</u>
Adolf Hit-ler:	Halbsextil, <u>Konjunktion</u>, Sextil, Sextil
A-dolf Hitler:	Halbsextil, <u>Quadrat</u>, Sextil, <u>Quinkunx</u>
Hein-rich Himmler:	Halbsextil, <u>Konjunktion</u>, <u>Quadrat</u>, Quadrat

Anmerkungen:

– Es gibt auch Namen, bei denen der Aspekt zwischen Vor- und Nachnamen unstimmig ist, z. B. Joseph Goebbels (Sextil), Vincent Price (Sextil), Gregory Peck (Quadrat). (Die Anzahl der Buchstaben ist nicht unbedingt mit der Anzahl der Laute identisch.) Wenn man dann die Anzahl der Laute betrachtet und die Schreibweise abändert, kommt man oft zu einem stimmigeren Ergebnis, z. B. Josef Goebbels (Quadrat), Gregory Pek (Trigon).

– Wie ein Aspekt zu bewerten ist, hängt auch davon ab, wie die Buchstaben (insbesondere die Buchstaben nahe bei der Lücke zwischen Vor- und Nachnamen) mit dem Aspekt harmonieren. (Siehe 4.2.7)

Zwischen zwei Namen gibt es mindestens 3 wichtige Aspekte: Zwischen den Vornamen, zwischen den Nachnamen und zwischen den ganzen Namen.

Konjunktion (gleiche Anzahl von Buchstaben): Ähnlichkeit, Gemeinsamkeiten

Halbsextil (Differenz von einem Buchstaben): merkurbetonte Beziehung

Sextil (Differenz von 2 Buchstaben): harmonisches Zusammenspiel, venusbetonte Beziehung

Quadrat (Differenz von 3 Buchstaben): Reibung, Spannungen

Trigon (Differenz von 4 Buchstaben): gute (eher statische als dynamische) Harmonie

Quinkunx (Differenz von 5 Buchstaben): merkurbetonte Beziehung

Opposition (Differenz von 6 Buchstaben): starke Verschiedenheit, Gegensätze

Sextile und Trigone sind die günstigsten Aspekte, am ungünstigsten sind Quadrate und Oppositionen.

Beispiele:

Adolf Hitler – Martin Bormann:
2 Halbsextile, 1 Sextil. (Stimmig. (Bormann war Hitlers Sekretär.))

Hitler – Churchill:
Beim Nachnamen ein Quadrat. (Stimmig.)

Hitler – Stauffenberg:
Beim Nachnamen eine Opposition. (Stimmig.)

Helmut Kohl – Franz-Josef Strauß:
1 Trigon, 1 Sextil, 1 Opposition. (Stimmig. (Kohl und Strauß waren miteinander befreundet, aber es gab auch Spannungen und die beiden waren grundverschieden.))

Oskar Lafontaine – Adelheid Streidl:
2 Quadrate, 1 Konjunktion. (Stimmig. (Streidl kam Lafontaine auf sehr aggressive Weise (Quadrat) sehr nahe (Konjunktion).))

Bill Clinton – Monica Lewinsky:
Beim Vornamen ein Sextil, beim Nachnamen ein Halbsextil und beim ganzen Namen ein Quadrat. (Stimmig.)

Horst Tappert – Herbert Reinecker:
2 Sextile, 1 Trigon. (Stimmig. (Reinecker war der Drehbuch-
autor der erfolgreichen TV-Serie „Derrick", in der Tappert die
Hauptrolle spielte.))

3.4 Beziehungen zwischen Buchstaben und Zahlen

Buchstaben und Zahlen können beide Urprinzipien und Tierkreiszeichen zugeordnet werden, daraus ergeben sich auch
Beziehungen zwischen den Buchstaben und den Zahlen.
Beispiel: Der Buchstabe J ist uranusbetont, die Zahl 4 passt
ebenfalls zu Uranus, also passen der Buchstabe J und die Zahl
4 in gewisser Hinsicht zusammen. (Ob ein Buchstabe und eine
Zahl zusammenpassen, könnte man auch direkt (intuitiv oder
empirisch) ermitteln.)

Einige Fälle, bei denen Buchstabe und Zahl gut zusammenpassen:

i – 1	(i und 1 passen beide zu Widder)
B – 2	(B und 2 passen beide zu Stier, B ist der 2. Buch-stabe)
F – 3	(F und 3 passen beide zu Jupiter, Zwillinge und Skorpion)
P – 3	(P passt zu Zwillinge und Skorpion, 3 passt zu Zwillinge und Skorpion (?))
R – 3	(R passt zu Löwe und harmoniert mit Zwillinge, 3 passt zu Zwillinge und Löwe (?))
J – 4	(J passt zu Uranus und harmoniert mit Krebs und Widder; 4 passt zu Uranus, Krebs und Widder)
Q – 4	(Q und 4 passen beide zu Uranus und Krebs)
U – 4	(U passt zu Uranus und harmoniert mit Krebs, 4 passt zu Uranus und Krebs)
X – 4	(X und 4 passen beide zu Uranus und Widder)

Z – 4	(Z und 4 passen beide zu Uranus und Widder)
AU – 5	(AU passt zu Löwe und harmoniert mit Stier, 5 passt zu Löwe und Stier)
D – 5	(D passt zu Stier und harmoniert mit Merkur und Löwe; 5 passt zu Merkur, Löwe und Stier)
G – 5	(G passt zu Merkur und harmoniert mit Löwe und Stier; 5 passt zu Merkur, Löwe und Stier)
H – 5	(H passt zu Merkur und harmoniert mit Löwe, 5 passt zu Merkur und Löwe)
A – 6	(A und 6 passen beide zu Venus)
S – 6	(S und 6 passen beide zu Venus, Saturn und Skorpion (?))
V – 6	(V harmoniert mit Venus und Wassermann, 6 passt zu Venus und harmoniert mit Wassermann (?))
F – 7	(F passt zu Jungfrau und Jupiter, 7 passt zu Jungfrau und harmoniert mit Jupiter)
P – 7	(P passt zu Uranus und harmoniert mit Mars und Jungfrau, 7 passt zu Mars und Jungfrau und harmoniert mit Uranus)
ST – 7	(ST passt zu Jungfrau und harmoniert mit Mars, 7 passt zu Mars und Jungfrau)
Z – 7	(Z passt zu Jungfrau, Uranus und Mars, 7 passt zu Jungfrau und Mars und harmoniert mit Uranus)
H – 8	(H und 8 passen beide zu Saturn und Löwe, H ist der 8. Buchstabe)
R – 8	(R passt zu Saturn und Löwe, 8 passt zu Saturn und harmoniert mit Löwe)
U – 8	(U und 8 passen zu Saturn und Skorpion und harmonieren mit Löwe)
W – 9	(W passt zu Schütze und Waage, 9 passt zu Schütze und harmoniert mit Waage (?))
K – 10	(K und 10 passen beide zu Steinbock und Widder)
T – 10	(T passt zu Steinbock und harmoniert mit Widder, 10 passt zu Steinbock und Widder)

Z – 10   (Z passt zu Steinbock, Widder und Jungfrau, 10 passt zu Steinbock und Widder und harmoniert mit Jungfrau (?))

CH – 12   (CH und 12 passen beide zu Jupiter und Fische)

(AU – 5, A – 6 und U – 8 sowie ST – 7, S – 6 und T – 10 passen zusammen: A + U = 6 + 8 = 14 = 5 = AU; S + T = 6 + 10 = 16 = 7 = ST)

Können Buchstaben in Zahlen umgewandelt werden?

Buchstabe und Zahl passen zwar oft zusammen, aber meistens nur unvollständig bzw. das Zusammenpassen wird durch eine Dissonanz gestört. (Beispiel: U und 4 passen beide zu Krebs und Uranus, aber 4 passt zu Widder und U nicht.)

Bei einigen Buchstaben scheint eine Umwandlung in eine Zahl möglich zu sein. (B kann relativ gut in 2 umgewandelt werden, F in 3, G in 5, Z in 7 oder 10, U in 8 und CH in 12.) Das Umwandeln in eine Zahl ermöglicht die Addition der Buchstaben eines Wortes oder Namens. Beispiel: IQ = 1 + 4 = 5, also hängt IQ mit Merkur zusammen. (Stimmig. (IQ = Intelligenzquotient))

4. Die Namensanalyse

Die Namensanalyse besteht aus 2 Teilen: Zuerst werden die einzelnen Buchstaben(/Buchstabenkombinationen), Anzahlen von Buchstaben (und eventl. Lauten) und Differenzen zwischen den Anzahlen (Aspekte) betrachtet/gedeutet (4.1) und dann wird die Harmonie/Ästhetik/Qualität des Namens untersucht und beurteilt (4.2).

Namen besitzen oft eine ausgeprägte Ästhetik; die Namensanalyse ist wertender als die Horoskopanalyse. (Dies hängt damit zusammen, dass die Bestandteile (Buchstaben/Laute) eines Namens nicht eigenständig sind bzw. eng beieinander liegen und schon für sich eine gewisse Ästhetik haben.)

4.1 Die bestandsuntersuchende Namensanalyse

Die Beurteilung/Deutung der Buchstaben, Zahlen und Aspekte wurde im 2. und 3. Kapitel behandelt. Es fehlt noch die Behandlung der Frage, wann es sinnvoll ist, neben der Anzahl der Buchstaben auch die Anzahl der Laute zu betrachten bzw. bei welchen Buchstabenkombinationen die Anzahl der Laute von der Anzahl der Buchstaben abweicht.

Es gibt Buchstabenkombinationen, die (fast) nur aus einem Laut bestehen (z. B. ck, th, ie, ph, dt und ch) und auch verdoppelte Buchstaben (z. B. tt, ee) haben nur einen Laut.

Es gibt auch Buchstabenkombinationen, bei denen die Laute zusammengezogen sind und die Anzahl der Laute irgendwo zwischen 1 und 2 liegt (z. B. ei, ng, au). Die Buchstabenkombination „sch" besteht praktisch nur aus einem Laut, dennoch ist es möglich, sie als 2 Laute zu rechnen. (sch = s(ch))

In vielen Fällen kommt man bei der Betrachtung der Anzahl der Laute zu einem z. T. stimmigeren/besseren Ergebnis als bei der Betrachtung der Anzahl der Buchstaben. Beispiele:

David Bowie (David Bowi, besonders stimmig: 4 – Uranus, 9 – Schütze, 9 – Waage)

Bertolt Brecht (Bertolt Bre(ch)t, bes. stimmig: 5 – Merkur)

Gregory Peck (Gregory Pek, bes. stimmig: 3 – Jupiter, 10 – Steinbock und Sonne, Trigon)

Joseph Goebbels (Josef Goebbels, bes. stimmig: 5 – Merkur)

Beate Uhse (Beate Use, bes. stimmig: 3 – Jupiter, 3 – Skorpion)

Helmut Kohl (Helmut Kol, bes. stimmig: 3 – Jupiter, 9 – Schütze, (Quadrat))

John Lennon (Jon Lenon; bes. stimmig: 3 – Jupiter, 5 – Merkur)

Woody Allen (Wody Alen; bes. stimmig: 4 – Uranus, 4 – Krebs)

Gunther Sachs (Gunter Sax/Sa(chs); bes. stimmig: 6 – Venus, 3 – Jupiter, 3 – Skorpion)

Die Anzahl der Laute kann auch höher sein als die Anzahl der Buchstaben, z. B. „Redl" (sprich: Redel) hat 5 Laute.

Vielleicht macht es auch Sinn, die Anzahl der verschiedenen Buchstaben/Laute zu betrachten. (z. B.: „Einstein" hat 5 verschiedene Buchstaben (Merkur), „Kinski" hat 4 verschiedene Buchstaben (Uranus, Widder) und der Name „Gary Grant" hat 6 verschiedene Buchstaben (Venus).)

In den bisherigen Kapiteln wurde deutlich, dass es sehr häufig Zusammenhänge zwischen dem Namen und der Person gibt. Bei einigen bekannten Persönlichkeiten ist der Zusammenhang zwischen Namen und Person sehr ausgeprägt und der Name kann vollkommen mit der Person identifiziert werden. Beispiel: Franz-Josef Strauß (Die Buchstaben Z, J und ß passten zu seiner

Eigenart/Eigenwilligkeit; R und a.o zu seiner Kraft und Energie; FR, N, Z, J, F, STR und ß passten zu seiner Direktheit und Aufdringlichkeit und R und AU zu seinem Selbstbewußtsein und autoritärem Auftreten. Auch die Anzahlen der Buchstaben sind passend. (z.B.: Die Zahl 5 passte zu seiner Intelligenz und rhetorischen Begabung.))

Es gibt auch Namen, die weniger gut zur Person/Verwirklichung des Namensträgers passen. Beispiele:
Bertolt Brecht (Der Buchstabe B und auch der ganze Name ist einfach/normal/unkompliziert. (Brecht war eigenwillig und elitär. (z.B.: Er benutzte den Verfremdungseffekt) Immerhin passt der merkurbetonte Buchstabe E gut zu Brecht (seine Werke waren oft als Lehrstücke gedacht) und auch der Buchstabe B ist nicht ganz unpassend. (Brecht stand der Arbeiterbewegung nahe.))
Hans Rosenthal (Der Name ist relativ kraftvoll und harmoniert mit dem Zeichen Löwe, die Person passte dagegen zum Zeichen Jungfrau.)
Roger Moore (Der Name ist grob und wuchtig, die Person dagegen etwas vornehm und aristokratisch.)
Rod Stewart (Der Name ist eher normal/konventionell/seriös, die Person dagegen etwas extravagant/exzentrisch.)

Es stellt sich die Frage, wie eng der Zusammenhang zwischen Name und Person i.A. ist und ob man von einer Person, die man nicht näher kennt, annehmen kann, dass sie dem Namen entspricht. (Also z.B.: Wenn der Name merkurbetont ist (z.B. Peter Hilger), ist es dann wahrscheinlich, dass auch die Person merkurbetont (verstandesbetont/intellektuell) ist?) Diese Frage ist schwer zu beantworten. (Dass der Nachname einer Frau, die ihn von ihrem Mann angenommen hat, nicht zu der Frau passen muss, ist klar.)
Die Namensanalyse hat aber in jedem Fall ihre Berechtigung, denn die Person wird mit dem Namen gleichgesetzt und der Name färbt sicher auf die Person ab.

Die bestandsuntersuchende Namensanalyse kommt nicht immer zu einem sehr eindeutigen Ergebnis und ist dann nicht so aufschlussreich, sondern mehr eine Basis für weitere Betrachtungen/Untersuchungen. (z. B.: Wie ist die Harmonie mit einem bestimmten anderen Namen?) Beispiel:

Beim Namen „Peter Niehenke" kommt man zu einem eindeutigen, brauchbaren Ergebnis (der Name ist (u. A.) merkur- und saturnbetont), beim Namen „Peter Müller" ist das Ergebnis nicht so eindeutig. (Der Name hat gegensätzliche Bestandteile; der Vorname ist saturnbetont, der Nachname venus- und jupiterbetont, es sind fast alle Tierkreiszeichen betont. (Stier: M; Zwillinge: E, P; Krebs: M, L; Löwe: M, R; Jungfrau: E, Ü; Waage: T, L; Skorpion: P, Schütze: Ü, LL; Steinbock: T, R; Wassermann: P, Ü))

4.2 Die wertende Namensanalyse

Die wertende Namensanalyse untersucht nicht nur, ob ein Name schön/ästhetisch, harmonisch und wohlklingend ist, sondern auch, ob er charaktervoll und überzeugend ist. (Überzeugend wird ein Name vor allem durch Buchstabenwiederholungen und Ähnlichkeiten zwischen den Buchstaben.) Die wertende Namensanalyse ist schwieriger als die bestandsuntersuchende Namensanalyse, denn Harmonie/Ästhetik ist grundsätzlich etwas schwierig zu beurteilen. (Die Harmonie/Ästhetik eines Namens ist etwas sehr Komplexes, das auch eine schwer erfassbare dynamische Komponente hat. (Dass z. B. der Name „David Bowie" viel besser klingt als „Alfred Biolek" liegt wohl vor allem daran, dass er eine bessere dynamische Harmonie hat bzw. stromlinienförmiger ist.))

Bei Buchstaben und Namen gibt es 2 gegensätzliche Grundtendenzen: Sie können dezent/moderat/normal oder ausgeprägt/extrem/exzentrisch sein. Buchstabenwiederholungen passen zur Normalität (der wiederholt vorkommende Buchstabe ist relativ dem gleichen (, an anderer Stelle stehenden,) Buchstaben normal) und auch zur Ausgeprägtheit/Extremität. (Die Häufigkeit des wiederholt vorkommenden Buchstabens ist ausgeprägt; er kommt eventuell extrem häufig vor.) Ähnlichkeiten zwischen Buchstaben passen vor allem zur Moderatheit/Normalität. (Zwischen den Buchstaben gibt es dezente/moderate Unterschiede; ein Buchstabe ist relativ einem ähnlichen Buchstaben normal.) Kontraste zwischen Buchstaben passen zur Extremität/Exzentrik und eventl. auch zur Moderatheit/Normalität. (Wenn die Buchstaben in entgegengesetzte Richtungen gehen und sie sich gegenseitig ausgleichen. (s. u.)) Beide Tendenzen haben ihre Vor- und Nachteile: Normalität ist einerseits beruhigend, andererseits ist sie etwas uninteressant/langweilig. Dezente/moderate Buchstaben sind i. A. harmonischer als extreme/exzentrische, andererseits haben sie weniger Charakter. Ausgeprägte/extreme/exzentrische Buchstaben sind zwar interessant/reizvoll und haben Eigenart/Charakter, sind aber auch etwas beunruhigend. Beispiele:

Die Namen „Alban Berg" und „Hans Ebner" sind etwas zu normal und unausgeprägt. (Die Normalität der Buchstaben wird durch die Buchstabenwiederholungen und die Ähnlichkeiten zwischen den Buchstaben (B hat Ähnlichkeit mit G; H und E sind beide merkurbetont, R und S passen beide zu Mars und Saturn) noch betont.) Bei den Namen „Gregory Peck" und „John Lennon" gibt es gute Mischungen aus Moderatheit/Normalität und Ausgeprägtheit/Exzentrik. (Die Buchstaben G, R, E, N und L sind moderat/normal, der Buchstabe O ist ausgeprägt, die Buchstaben Y, P, CK und J sind ausgeprägt und exzentrisch. Die Buchstabenwiederholungen betonen einerseits die Normalität/Moderatheit, andererseits die Ausgeprägtheit.) Der Name „Bruno Pilzer" ist fast etwas zu ausgeprägt und extrem/exzentrisch. (Der Buchstabe O ist ausgeprägt; U, i, P und Z sind sehr ausgeprägt und extrem/exzentrisch. Die Extremität/Exzentrik wird durch den Kontrast zwischen Vor- und Nachnamen noch betont. (Der Vorname ist

schwer/wuchtig, der Nachname ist überwiegend leicht/subtil.))
Dieser Name ist aber dennoch überzeugend und gut, denn
die Extremität/Exzentrik wird durch die vielen Ähnlichkeiten
zwischen den Buchstaben stabilisiert. (P hat Ähnlichkeit mit Z
(z. B.: beide Buchstaben sind saturn- und uranusbetont); P, i, L
und Z harmonieren alle mit dem Zeichen Widder; P, i, E und
Z sind alle leichtgewichtig, i und E sind beide merkurbetont, U
hat Ähnlichkeit mit O; B hat Ähnlichkeit mit P.) Zudem wird
die Exzentrik des Nachnamens durch den relativ normalen
Vornamen etwas gedämpft (auch wenn dies wieder mit einem
Kontrast verbunden ist) und der Nachname enthält den besonders harmonischen Buchstaben L.

Bei Kontrasten ist eine große Spannweite zwischen Normalität/
Moderatheit/ Ausgeglichenheit und Ausgeprägtheit/Extremität/
Exzentrik möglich.
Beispiel: Beim Vornamen „Ulrike" sind die Buchstaben U und i
sehr ausgeprägt und etwas extrem/exzentrisch. Der Kontrast
zwischen U und i (U ist ein tiefer, schwergewichtiger Vokal, i ein
hoher, leichtgewichtiger) verstärkt die Exzentrik noch etwas.
(Der Buchstabe U ist für sich schon exzentrisch (er weicht von
der mittleren Tonhöhe ab) und erst recht weicht er vom Laut i
ab. (Und umgekehrt.)) Dennoch ist dieser Vorname insgesamt
auch recht normal/moderat, denn die Ausgeprägtheit/Exzentrik
von U und i gleicht sich wieder aus (die Tiefe von U wird durch
die Höhe von i ausgeglichen (und umgekehrt); die durchschnittli-
che Tonhöhe ist normal/moderat) und die restlichen Buchstaben
sind normal und moderat. Kontrastreiche Namen sind deshalb
vermutlich oft besonders attraktiv. (Andererseits sind starke
Kontraste etwas fragwürdig.)

Einige attraktive Namen mit ausgeprägten Kontrasten:
Nina Ruge (Der Vorname ist leicht, dynamisch und hat hohe Laute; der Nachname ist schwer, eher ruhig und hat tiefe Laute.)

Niki Lauda (Der Vorname ist sehr dynamisch und passt zum Zeichen Widder, der Nachname ist ruhig und passt zum Zeichen Waage.)

Sebastian Haffner (Der Vorname ist eher introvertiert und hat einen weiblichen Anfangsbuchstaben und überwiegend weibliche Vokalkombinationen; der Nachname ist aufdringlich/extravertiert und hat einen männlichen Anfangsbuchstaben und eine männliche Vokalkombination.)

Michelle Pfeiffer (M und e.i/EI sind ruhig und introvertiert; LL, P, F, FF, i.e und R sind aufdringlich und extravertiert. M, L, E, EI sind moderat/normal; i, P und FF sind ausgeprägt/exzentrisch.)

4.2.1 Die Attraktivität der Buchstaben

Die Buchstaben sind mehr oder weniger attraktiv. (Diese Attraktivität ist manchmal etwas schwierig zu beurteilen.) Die Attraktivität der (einzelnen) Buchstaben bei einem Namen hat kaum etwas mit der Qualität des Namens zu tun. (Es gibt zwar attraktive und unattraktive Buchstaben, aber keine qualitativ hochwertigen und minderwertigen Buchstaben.)

Attraktive Buchstaben: A, D, J, L, R, S, V, W, Y, Ü, AU, CH, IE
Buchstaben mit mittlerer/gemischter Attraktivität: B, C, F, H, i, M, N, O, SCH
Eher unattraktive Buchstaben: E, G, K, P, Q, T, U, X, Z, Ä, Ö, EI, EU
Eher attraktive Vokalkombinationen: a.e, a.i, a.o, a.u, i.e, o.i, o.u, u.e, u.i
Weniger attraktive Vokalkombinationen: e.a, e.i, e.u, i.a, i.o, i.u, o.a, u.a, u.o

Große/kraftvolle Buchstaben (z. B. AU, L, R, W) sind i. A. attraktiver als kleine/schwache (z. B. E, EI, P, Z).

Sonnenbetonte Buchstaben (z. B. AU, R) sind i. A. attraktiver als mondbetonte (z. B. EI, Ö).
Venusbetonte Buchstaben sind i. A. attraktiver als mondbetonte. (z. B.: IE und U sind attraktiver als EI und Ö.)
Jupiterbetonte Buchstaben (z. B. J, W, CH) sind i. A. attraktiver als saturnbetonte (z. B. T, U, Z).

Einige von den einzelnen Buchstaben (/Vokalkombinationen) her attraktive Vornamen:
Alain, Andrea/Andreas, Anja, Angela, Armin, Arnold, Barbara, Boris, Carola, Claudia, Daisy, Daniel/Daniela, David, Harald, Jan, Janis, Jasmin, Joachim, Lana, Larissa, Laura, Leon(hard), Lilly, Linda, Ludwig, Maja, Mandy, Marcel, Michail, Mildred, Nadine, Nadja, Oliver, Paul, Rachel, Ralf, Rosalie, Rosi, Rüdiger, Sally, Sandra, Sascha, Vanessa, Willy

Einige von den einzelnen Buchstaben (/Vokalkombinationen) her etwas unattraktive Vornamen:
Benedikt, Bert, Birgit, Burkhard, Eckert, Egon, Emerenz, Erika, Eugen, Fritz, Gerke, Gertrud, Götz, Heinz, Ignaz, Jutta, Käthe, Kea, Kenneth, Kerstin, Knut, Kunz, Kurt, Meg, Meike, Meta, Nepomuk, Otto, Ottokar, Peter, Sepp, Steffi, Thorsten, Trixi, Uta, Ute, Zita

Einige von den einzelnen Buchstaben (/Vokalkombinationen) her attraktive Namen:
Nadja Auermann, Lauren Bacall, Barbara Bach, David Bowie, David Cassidy, Casanova, Salvador Dali, Charles Darwin, James Dean, Alain Delon, Oliver Hardy, Laurence Harvey, James Last, Daliah Lavi, Amanda Lear, David Livingstone, Carl von Linde, Paul Newman, David Niven, Maurice Ravel, Leonardo da Vinci, Andy Warhol, John Wayne

Einige von den einzelnen Buchstaben (/Vokalkombinationen) her etwas unattraktive Namen:
Eberhard Feik, Gert Fröbe, Peter Glotz, Herbert Grönemeyer,

Theodor Heuss, Gustav Knuth, Bruno Kreisky, Egon Krenz, Ernst Kretschmer, Franz Xaver Kroetz, Rupert Murdoch, Peter Piot, Otfried Preußler, Erich Ponto, Horst Tappert, Fritz Todt, Peter Ustinov, Ute Vogt

4.2.2 Harmonien/Dissonanzen zwischen den Buchstaben

Zwischen den Buchstaben gibt es sicher Harmonie/Dissonaz-beziehungen; einige Buchstaben passen gut zusammen und bilden eine harmonische Buchstabenkombination, andere Buchstaben passen weniger gut oder schlecht zusammen.

Sehr gegensätzliche Buchstaben passen i. A. nicht gut zusammen, z. B. R und J, M und i. (R ist saturnbetont und passt zum Zeichen Löwe, J ist jupiterbetont und passt zum Zeichen Wassermann; M ist ruhig, groß und substanzvoll/schwer, i ist dynamisch, klein und schlank/leichtgewichtig). Andererseits gibt es auch eine Harmonie der Kontraste und verschiedenartige Buchstaben ergänzen sich oft. (z. B.: J harmoniert mit M; R harmoniert mit F. Diese Buchstabenkombinationen sind sehr kontrastreich (M ist ruhig und passt zum Zeichen Löwe, J ist dynamisch und passt zum Zeichen Wassermann, R ist groß und saturnbetont, F ist klein und jupiterbetont), aber es gibt auch Gemeinsamkeiten. (M und J sind beide groß und jupiterbetont, R und F sind beide dynamisch und sehr unruhig/aufdringlich. (Die Buchstaben B und L haben eine ruhigere/unaufdringlichere Dynamik.)))

Ob ein Buchstabe mit einem anderen Buchstaben harmoniert, hängt zu einem großen Teil davon ab, wie er die ästhetische Kehrseite des anderen Buchstaben beeinflusst, ob er sie betont/verstärkt oder abschwächt/ausgleicht. (Viele Buchstaben haben eine ästhetische Kehrseite, z. B. der Buchstabe M ist träge und normal/langweilig, die Buchstaben B, D und U verstärken diese Kehrseiten (B ist sehr normal/gewöhnlich, D und U sind träge), während J und Z diese Kehrseiten abschwächen/ausgleichen. Der Buchstabe P ist (auf unharmonische Weise) exzentrisch, der Buchstabe J verstärkt die Exzentrik, während der Buchstabe L diese Kehrseite ausgleicht. Der Buchstabe W ist groß und etwas wuchtig, der Buchstabe M verstärkt die Wuchtigkeit, die Buchstaben D und IE gleichen dagegen diese Kehrseite von W aus.)

Einige harmonische Buchstabenkombinationen:

L – S	(z.B.: Lessing, Sophia Loren, Sergeo Leone, Shirley MacLaine, Tom Selleck)
R – S	(z.B.: Steve Reeves, Isabella Rossellini, Hans Rosenthal, Rod Stewart, Rolling Stones)
W – S	(z.B.: William Shakespeare, Simon Wiesenthal, Klaus-Jürgen Wussow, Wolfram Siebeck)
M – O	(z.B.: Mozart, Marylin Monroe, Roger Moore, Molière, Yves Montand, Montgomery)
D – V	(z.B.: Catherine Deneuve, John Denver, Salvador Dali, Bette Davis)
D – N	(z.B.: David Niven, Catherine Deneuve, Alain Delon, James Dean, Neil Diamond)
L – P	(z.B.: Lilly Palmer, Pelé, Louis Pasteur, Max Planck, Lilo Pulver)
R – U	(z.B.: Rubens, Tina Ruland, Richard Burton, Bertrand Russell, Arthur Rubinstein)
J – M	(z.B.: Mick Jagger, Michael Jackson, Jean Marais, Jeanne Moreau, John Mayor)
B – Y	(z.B.: Yul Brynner, Willy Brandt, Humphrey Bogart, Shirley Bassey, Chuck Berry)
B – CH	(z.B.: Johann Sebastian Bach, Blücher, Georg Büchner, Bert Brecht, Wolfgang Borchert)
P – F	(z.B.: Peter Frankenfeld, Peter Fonda, Edith Piaf, Peter Falk, Michelle Pfeiffer)
R – F	(z.B.: Rockefeller, Robert Redford, Cliff Richard, Gerry Rafferty, Jennifer Rush)

E – K   (z.B.: Johannes Kepler, John F. Kennedy, John Keynes,
               Paul Klee, Erich Kästner)

Einige weniger harmonische Buchstabenkombinationen:

J – R   (z.B.: Jane Russell, Joachim Ribbentrop, J. R. Ewing,
               Jack the Ripper)
B – F   (z.B.: R.W. Fassbinder, Gert Fröbe, Alfred Biolek)
M – U   (z.B.: Benito Mussolini)
H – J   (Jörg Haider, Harald Juhnke, Hans-Jochen Vogel,
               Johannes Gross)
S – M   (z.B.: Johannes Mario Simmel, Benito Mussolini,
               Charles Manson, Slobodan Milosevic)
P – M   (z.B.: Monty Python)

A – D ist harmonischer als A – B
(z.B.: Konrad Adenauer, Alain Delon; Kurt Raab)
A – M ist harmonischer als E – M
(z.B.: Marie Antoinette, Thomas Mann; Josef Mengele)
B – L ist harmonischer als D – L
(z.B.: Lauren Bacall, Tony Blair; John Dulles, Karl Dall)
B – S ist harmonischer als D – S
(z.B.: Senta Berger, Shirley Bassey; Saddam Hussein)
D – J ist harmonischer als D – H
(z.B.: James Dean; Dennis Hopper, Alfred Hitchcock)
D – N ist harmonischer als B – N
(z.B.: Alain Delon, John Denver; Rosemarie Nitribitt)
D – T ist harmonischer als B – T
(z.B.: Dieter Thomas Heck, Donald Trump; Rosemarie Nitribitt)
D – Z ist harmonischer als B – Z
(z.B.: Ferdinand Zeppelin, Frank Zander; Billie Zöckler)
F – D ist harmonischer als F – B
(z.B.: Faye Dunaway, Gerald Ford; Gert Fröbe)
F – IE ist harmonischer als F – EI
(z.B.: Friedrich der Große; Roland Freisler)

F – N ist harmonischer als F – M
(z.B.: Rainhard Fendrich; Freddie Mercury)
F – O ist harmonischer als F – A
(z.B.: John Forsythe, Jodie Foster; Hans Fallada)
G – P ist harmonischer als H – P
(z.B.: Gregory Peck; Dennis Hopper, Anthony Hopkins)
G – T ist harmonischer als G – D
(z.B.: Goethe, Thomas Gottschalk; Gerard Depardieu)
H – B ist harmonischer als H – D
(z.B.: Humphrey Bogart, Heinz Haber; Dennis Hopper)
H – L ist harmonischer als F – L
(z.B.: Lauren Hutton, Laurence Harvey, Hera Lind; Lisa Fitz)
H – V ist harmonischer als H – W
(z.B.: Victor Hugo, Vaclav Havel; Herbert Wehner)
J – M ist harmonischer als H – M
(z.B.: Jean Marais, Mick Jagger; Heinrich Himmler)
J – M ist harmonischer als J – N
(z.B.: Jeanne Moreau; Janis Joplin, Phillipp Jenninger)
J – O ist harmonischer als H – O
(z.B.: Billy Joel, James Joyce; Erich Honecker, Dennis Hopper)
K – D ist harmonischer als K – B
(z.B.: John F. Kennedy, Dieter Kürten; Boris Karloff)
K – P ist harmonischer als K – B
(z.B.: Peter Kraus, Paul Klee; Ernst Kaltenbrunner)
L – N ist harmonischer als L – M
(z.B.: John Lennon, Alfred Nobel; Jack Lemmon, Stanislaw Lem)
M – CH ist harmonischer als M – SCH
(z.B.: Michelangelo, Metternich; Max Schmeling)
M – J ist harmonischer als M – i
(z.B.: John Mayor; Benito Mussolini, Slobodan Milosevic)
M – T ist harmonischer als M – D
(z.B.: Thomas Mann; Diego Maradona)
M – T ist harmonischer als M – S
(z.B.: Metternich; Slobodan Milosevic)

P – F ist harmonischer als B – F
(z.B.: Peter Frankenfeld; Alfred Biolek)
P – N ist harmonischer als P – M
(z.B.: Peter Niehenke; Monthy Python)
P – V ist harmonischer als P – W
(z.B.: Luciano Pavarotti, Lieselotte Pulver; Wilhelm Pieck)
P – Z ist harmonischer als B – Z
(z.B.: Pestalozzi, Ferdinand Zeppelin; Billie Zöckler)
P – S ist harmonischer als F – S
(z.B.: Paul Simon, Pablo Picasso; Rainer Werner Fassbinder)
R – F ist harmonischer als R – P
(z.B.: Rockefeller, Robert Redford; Rasputin, Wilhelm Röpke)
S – G ist harmonischer als S – F
(z.B.: Gunther Sachs, Günther Grass; Rainer Werner Fassbinder)
S – K ist harmonischer als Z – K
(z.B.: Sarah Kirsch, Ellen Kessler, Frank Sinatra; Frank Zappa)
S – N ist harmonischer als S – M
(z.B.: Nancy Sinatra; Mussolini, Mae West)
S – T ist harmonischer als S – D
(z.B.: Senta Berger, Tom Selleck; Salvador Dali)
T – H ist harmonischer als D – H
(z.B.: Lauren Hutton; Dennis Hopper, Reinhard Heydrich)
T – L ist harmonischer als D – L
(z.B.: Liz Taylor, Luis Trenker, Lana Turner; John Dulles)
W – D ist harmonischer als W – B
(z.B.: Richard Widmark, Dionne Warwick; Uwe Barschel)
W – G ist harmonischer als W – H
(z.B.: Richard Wagner, Eckart Witzigmann; Wilhelm Hauff)
W – N ist harmonischer als W – M
(z.B.: John Wayne, Norbert Wiener; Mae West)
Z – M ist harmonischer als S – M
(z.B.: Liza Minelli, Karlheinz Böhm; Mussolini)

4.2.3 Wiederholungen von Buchstaben, Ähnlichkeiten/Verwandtschaften und Kontraste zwischen Buchstaben

Da der Name etwas Zusammenhängendes und Einheitliches ist (er bezieht sich auf eine Person) ist es angebracht, dass zwischen den Buchstaben Zusammenhänge bestehen bzw. dass sich die Buchstaben z. T. wiederholen oder, dass es zwischen ihnen Ähnlichkeiten/Verwandtschaften gibt. Dies ist tatsächlich häufig der Fall. Die Namen reimen sich dann mehr oder weniger.

Beispiele: Galileo Galilei, Heinrich Heine, Karl Marx, Einstein, Bert Brecht, Barbara Bach, Greta Garbo, Gary Grant, Charlie Chaplin, Heiner Geißler, Helen Hunt, Steve Reeves, Don Johnson, Klaus Kinski, Frederico Fellini, Pablo Picasso, Yoko Ono (besonders ausgeprägte Buchstaben/Buchstabenkombinationswiederholungen)
Boris Becker, Alain Delon, Salvador Dali, Konrad Adenauer, Herbert Wehner, Bill Clinton, Margaret Thatcher, Thomas Gottschalk, Vincent Price, Elton John, John Lennon (etwas weniger ausgeprägte Buchstaben/Buchstabenkombinationswiederholungen)
Gustav Heinemann, Heiner Geißler, Hermann Göring, George Harrison, Herbert Grönemeyer, Goldie Hawn (G und H sind nahestehend/ähnlich (beide Buchstaben sind merkurbetont))
Isabelle Huppert (i und H sind nahestehend/ähnlich (beide Buchstaben sind merkurbetont))
Bette Davis, Bo Derek, Bob Dylan, David Bowie (B und D sind verwandt/ähnlich/nahestehend)
Pablo Picasso, Boris Pasternak, Paul Bocuse, Paul Breitner (B und P sind verwandt)
Curd Jürgens, Udo Jürgens (U und Ü sind verwandt/nahestehend/ähnlich)
Donald Trump, Dieter Thomas Heck, Thorwald Dethlefsen, Walt Disney (D und T sind verwandt)

Veronika Ferres (V und F sind verwandt/ähnlich)
Manfred Nerlinger, Thomas Mann, Abraham Lincoln, Kim Novak,
James Dean, James Bond, Ephrahim Kishon, Leonard Nimoy,
Glenn Miller (M und N sind nahestehend/verwandt)
Victor Worms, Virginia Woolf, Stevie Wonder, David Bowie
(V und W sind nahestehend/ verwandt/ähnlich)

Da ein Name nicht nur etwas Zusammenhängendes und Einheitliches ist, sondern auch aus verschiedenen Teilen (Vor- und
Nachname) besteht und die Buchstaben an verschiedenen
Positionen stehen, ist es auch angebracht, dass die Buchstaben
unterschiedlich sind und Kontraste vorhanden sind.
Beispiele: Bei den Namen „Nina Hagen" und „Tina Turner" gibt
es nicht nur Wiederholungen und Ähnlichkeiten (N und A; T,
N und R wiederholen sich; H und G sind nahestehend, E und i
sind ähnlich), sondern auch Kontraste. (A passt zu Venus, i passt
zu Mars; i ist ein hoher Laut, U ein tiefer Laut.)

Kontraste können sehr reizvoll sein, z. B. beim Namen „Mozart"
gibt es sehr schöne Kontraste. (M und O passen zu Krebs und
Löwe, Z und T dagegen zu Steinbock und Wassermann. „Mo"
ist weich und jupiterbetont; Z, R und T sind dagegen hart und
saturnbetont.)

Einige Namen mit zu starken Kontrasten und/oder einem
Mangel an Wiederholungen/Ähnlichkeiten zwischen Vor- und
Nachnamen: Clint Eastwood, Emil Zatopek, Adolf Hitler, Kirk
Douglas, Josef Neckermann, Markus Jehle, Jimmy Carter, Niki
Lauda, Kate Moss

Ähnlichkeiten/Verwandtschaften zwischen Buchstaben kommen beiden Forderungen entgegen: Zwischen den Buchstaben
besteht ein Zusammenhang, aber sie unterscheiden sich auch.
Eine Ähnlichkeit zwischen Vor- und Nachnamen besteht auch

dann, wenn eine Buchstabenkombination des Vornamens im Nachnamen umgekehrt auftritt. Beispiele:

Robert Redford (Vorname: Ro, o.e, er; Nachname: or, e.o, Re)

Bert Brecht (Vorname: er; Nachname: re)

Bruno Huber (Vorname: B.u, ru; Nachname: ub, u.r)

Wilhelm Reich, Michelle Pfeiffer (Vornamen: i.e, Nachnamen: ei)

Heinrich Himmler, Heinz Sielmann, Heinz Riesenhuber, Leni Riefenstahl (Vornamen: ei/e.i, Nachnamen: ie/i.e)

Wenn der Anfangsbuchstabe des Vornamens mit dem Endbuchstabe des Nachnamens identisch ist, besteht ebenfalls eine Ähnlichkeit zwischen Vor- und Nachnamen.

Beispiele: Robert Fischer, Erich Ode, Eduard Mörike, Reinhold Messner, Nina Hagen, Nadja Auermann, (Erich Honecker)

(Ein mit dem Anfangsbuchstaben des Vornamens identischer Endbuchstaben des Nachnamens macht den Namen auch einheitlich und ist dadurch in zweifacher Hinsicht vorteilhaft.)

Innerhalb eines Namensteils ist eine Wiederholung sehr günstig. Vor- und Nachnamen mit ausgeprägten Wiederholungen sind oft recht ansprechend und überzeugend. (z.B. Philipp, Peter, David, Elke, Stephen, Helen, Sandra, Siegfried, Georg, Harald, Bodo, Iris, Detlef, Andrea, Angela, Anita, Tatjana, Barbara; Dahrendorf, Duden, Einstein, Ferres, Johnson, Kinski, Lincoln, Neckermann, Newton, Rockefeller, Schwarzenegger, Zappa; Iris Berben, Otto Hahn, Evelyn Hamann, Peter Hartmann, Herbert v. Karajan, Edward Kennedy, René Kollo, Ingrid Steeger, Barbara Steele)

Innerhalb eines Namensteils ist wahrscheinlich eine Kombination von Wiederholung und Ähnlichkeit ideal, wie z.B. bei Iris, Angelika, Bodo, Detlef, Dorothea, Hegel, Lenin, Reeves und Ferres. (Die Buchstaben i, A, O, E und N wiederholen sich; R steht S nahe (beide Buchstaben sind mars- und saturnbetont), E hat Ähnlichkeit mit i (beide Buchstaben sind merkurbetont und leichtgewichtig), B hat Ähnlichkeit mit D/steht D nahe, D ist mit T verwandt und G steht H nahe (beide Buchstaben sind merkurbetont).)

Oder eine sehr starke Ähnlichkeit wie z. B. bei Cäsar und Süßmuth. (A und Ä, U und Ü sind einander sehr ähnlich.)

Wenn ein Buchstaben innerhalb eines Namensteils einmal einfach und einmal verdoppelt auftritt, ist dies ebenfalls eine sehr günstige starke Ähnlichkeit. (z. B. Lennon, Trittin, Ferrari, Glanzmann, Zimmermann, Reeve)

Besonders apart sind Vor- oder Nachnamen, die sowohl ausgeprägte Wiederholungen als auch ausgeprägte Kontraste haben, z. B. Miriam, Nina, Bianca, Christian, Julius, Diana; Sinatra, Witzigmann, Einstein. (M, i, N, A, El und U wiederholen sich; M und i sind sehr gegensätzlich, i passt zu Mars und A zu Venus, i ist ein hoher Laut und U ist ein tiefer Laut; El ist weich und passt zum Zeichen Krebs, N und T sind dagegen hart und passen zu den Zeichen Widder, Waage und Steinbock.)

Zwischen verschiedenen Namensteilen ist eine Ähnlichkeit sehr günstig, günstiger als eine Wiederholung. (Viele Ähnlichkeiten zwischen Vor- und Nachnamen hat z. B. der Name „David Bowie". (D hat Ähnlichkeit mit B; V hat Ähnlichkeit mit W; i hat Ähnlichkeit mit IE.)) Die Wiederholungen zwischen Vor- und Nachnamen sollten nicht zu ausgeprägt sein bzw. der Vorname sollte nicht zu stark an den Nachnamen angelehnt sein (wie z. B. bei Galileo Galilei, Heinrich Heine, Charlie Chaplin, Francesco Franco). Bei ausgeprägten Wiederholungen sollten auch Kontraste vorhanden sein (wie z. B. bei Tina Turner, Robert Redford).

Ein gleicher Anfangsbuchstabe bei Vor- und Nachname (wie z. B. bei Greta Garbo, James Joyce, Janis Joplin, Marilyn Monroe, Gary Grant, Brigitte Bardot, Boris Becker, Heinrich Himmler,

Ronald Reagan, Konrad Kujau, Frederico Fellini, Doris Day, Klaus Kinski) ist i. A. nicht so günstig und entspricht einer Konjunktion von Vor- und Nachnamen. (Wie ein gleicher Anfangsbuchstabe zu bewerten ist, hängt auch vom Buchstaben ab, z.B. M. M. und R. R. sind günstiger als F. F. und J. J. (vgl. 4.2.7).) Günstig ist dagegen ein gleicher Endbuchstabe, falls er einmal einfach und einmal verdoppelt auftritt. (z.B.: Dietmar Schönherr, Johannes Gross, Ernst Ott) (Dies ist mehr eine starke Ähnlichkeit als eine Wiederholung.)

Bei Vokalwiederholungen ist es günstiger, wenn die gleichen Vokale aufeinanderfolgen, als wenn zwischen den gleichen Vokalen noch ein anderer Vokal kommt. (Sonst gibt es gegensätzliche Vokalkombinationen (z. B. a.o und o.a). (Bei Vokalkombinationen kommt es auf die Reihenfolge an.))
Also z.B. „Eberhard" und „Annette"(Vokalkombinationen: e.e, e.a und a.e, e.e) sind (in dieser Hinsicht) günstiger als „Renate" (Vokalkombinationen: e.a, e.e, a.e), „Hansmartin" und „Bianca" sind günstiger als „Carina"; „Armando" und „Johanna" sind günstiger als „Carola".

4.2.4 Harmonien/Dissonanzen zwischen den Anfangsbuchstaben und dem Namensanfang und zwischen den Endbuchstaben und dem Namensende

Der Namensanfang wird großgeschrieben, deshalb eignen sich große/kraftvolle Buchstaben (z.B. M, L, R, W) besser für den Namensanfang als schwache/kleine Buchstaben (z.B. E, F, i, N). Auch die Buchstaben A und i eignen sich gut als Anfangsbuchstaben. (A passt zu etwas, das am Anfang oder an erster Stelle steht, i passt zum 1. Zeichen (Widder).)

Einige Namen mit großen/kraftvollen Anfangsbuchstaben:
Rudolf Augstein, Marilyn Monroe, Wolfgang Amadeus Mozart, Roger Moore, Ornella Muti, Robert Redford, Max Schmeling, Arnold Schwarzenegger, John Wayne, Manfred Wörner

Einige Namen mit kleinen/schwachen Anfangsbuchstaben:
Fidel Castro, Eduard Dietl, Clint Eastwood, Verona Feldbusch, Frederico Fellini, Ella Fitzgerald, Peter Niehenke, Edith Piaf, Ferdinand Zeppelin, Eduard Zimmermann

Das Namensende passt zum Saturn. (Ein Ende/Schluss passt immer zum Saturn. (Es wird etwas vollständig reduziert.)) Deshalb eignen sich saturnbetonte Buchstaben gut als Endbuchstaben. Dies gilt besonders für die Endung des Nachnamens, die auch das Ende des ganzen Namens ist.

Einige Namen mit saturnbetonten Endbuchstaben:
Bert Brecht, Albert Einstein, Peter Glotz, Helen Hunt, Franz Xaver Kroetz, Wolfgang Amadeus Mozart, Heinz Rühmann, Helmut Schmidt, Dietmar Schönherr, Eckart Witzigmann

Einige Namen mit Endbuchstaben, die schlecht zu Saturn passen:
Mario Adorf, Heinrich Böll, David Bowie, Marlon Brando, Ralf Dahrendorf, Rudolf Diesel, Boris Karloff, Stanislaw Lem, Bodo Kirchhoff, Andy Warhol

4.2.5 Attraktive/harmonische und unattraktive/unharmonische Namenslängen(kombinationen)

Namen(steile) mit mittlerer Buchstabenzahl sind grundsätzlich etwas harmonischer als Namen(steile) mit extremer Buchstabenzahl/Namenslänge. Andererseits sind Namen(steile) mit extremer Namenslänge reizvoll. (Kurze Namen(steile) sind prägnant, lange Namen(steile) sind beeindruckend/imposant.)

Namen mit kurzem Vornamen und kurzem Nachnamen und Namen mit langem Vornamen und langem Nachnamen sind etwas ungünstig. (Die Extremität der Namenslänge verstärkt sich (die Namen sind sehr kurz oder sehr lang) und die (ungefähr, tendenziell) gleiche Namenslänge von Vor- und Nachnamen ist etwas langweilig und mindert den Reiz der extremen Namenslänge.)
Günstig und attraktiv sind dagegen Namen mit langem Vornamen und kurzem Nachnamen oder mit kurzem Vornamen und langem Nachnamen. (Die Extremität gleicht sich aus (die Namenslänge insgesamt ist mittel) und der Reiz der extremen Namenslänge verstärkt sich durch den Kontrast zwischen der Länge des Vornamens und der Länge des Nachnamens.)
Zu einem kurzen Nachnamen (3 oder 4 Buchstaben) passt also gut ein langer Vorname und zu einem langem Nachnamen (mehr als 8 Buchstaben) passt gut ein kurzer Vorname.

Einige Namen mit kurzem Vornamen und kurzem Nachnamen: Erik Ode, Otto Dix, Lisa Fitz, Karl May, Karl Marx, Al Gore, Ute Vogt, Otto Hahn, Max Born, Kurt Raab, Eric Idle, Mata Hari

Einige Namen mit langem Vornamen und langem Nachnamen: Friedrich Dürrenmatt, Elisabeth Flickenschild, Marianne Sägebrecht, Rosemarie Nitribitt, Friedrich Nietzsche, Thorwald Dethlefsen, Christian Neureuther, Napoleon Bonaparte, Marcello Mastroianni

Einige Namen mit langem Vornamen und kurzem Nachnamen: Karlheinz Böhm, Stanislaw Lem, Reinhard Mey, Geraldine Page, Immanuel Kant, Johann Sebastian Bach, Christopher Lee, Christian Dior

Einige Namen mit kurzem Vornamen und langem Nachnamen:
Jack Nicholson, Ilse Aichinger, Leni Riefenstahl, Rosi Mittermaier,
Udo Lindenberg, Ralf Dahrendorf, Hans Rosenthal, Otto Lilien-
thal, Kurt Tucholsky, Max Schmeling, Emil Steinberger, Rosa
Luxemburg, Igor Strawinsky, Kurt Schumacher

4.2.6 Harmonien/Dissonanzen zwischen den Buchstaben und den Anzahlen der Buchstaben (/Laute)

Beispiele: Bei den Vornamen Andrea, Angela, Amanda, Armand,
Sandra und Pamela harmonieren die Buchstaben überwiegend
gut mit der Anzahl der Buchstaben: Die Zahl 6 passt zu Venus
und auch die Buchstaben A, D, L und M passen zu Venus bzw.
harmonieren mit Venus. Die Vornamen Harald und Pamela
harmonieren nicht nur gut mit 6 – Venus, sondern auch mit
6 – Zwillinge. (H passt zu Zwillinge; P, E und L harmonieren mit
Zwillinge.) Der Vorname Birgit hat eine schlechte Harmonie bzgl.
6 – Venus (i passt zu Mars, nur B harmoniert mit Venus), dafür
eine gute bzgl. 6 – Zwillinge (i und G passen zu Zwillinge, B und
R harmonieren mit Zwillinge).

Einige Namen mit ausgeprägten Harmonien zwischen den Buchstaben und den Anzahlen der Buchstaben:

Albert Einstein
(6 – Venus: A passt zu Venus, L und B harmonieren mit Venus
(L passt zu Waage, B passt zu Stier); 8 – Saturn: N und T passen
zu Saturn, S und El harmonieren mit Saturn, „rt" (nahe beim
Nachnamen) passt zu Saturn, „Eins" (kleinste/reduzierteste
ganze Zahl) und „Stein" passen zu Saturn; 14 – Merkur: E und i
passen zu Merkur, N harmoniert mit Merkur)

Heinz Haber
(5 – Merkur: H, E und i passen zu Merkur; 5 – Löwe: R passt zu Löwe, H und B harmonieren mit Löwe; 5 – Stier: B und „haben" passen zu Stier; 10 – Steinbock: N, Z, A und R passen zu Steinbock, H harmoniert mit Steinbock; 10 – Sonne: R passt zur Sonne, die Konjunktion und die gleichen Anfangsbuchstaben harmonieren mit der Sonne: 10 – Widder: i und Z passen zu Widder; H, N und R harmonieren mit Widder)

Mao Tse Tung
(3 – Jupiter: O und M passen zu Jupiter; 10 – Steinbock: T, N, G und U passen zu Steinbock, S und a.o harmonieren mit Steinbock; 10 – Widder: T, NG und „Ts" harmonieren mit Widder; 10 – Sonne/Löwe: M, a.o und a.u passen zu Sonne/Löwe)

Rasputin
(8 – Saturn: R, U, T und N passen zu Saturn, S und P harmonieren mit Saturn; 8 – Skorpion: S, P und U passen zu Skorpion; 8 – Löwe: R und a.u passen zu Löwe)

Nina Ruge
(4 – Uranus: i.a, U und i.u passen zu Uranus; 4 – Krebs: U passt zu Krebs, G harmoniert mit Krebs; 4 – Widder: i und N passen zu Widder; 8 – Saturn: N, R und U passen zu Saturn; 8 – Skorpion: U passt zu Skorpion, G harmoniert mit Skorpion; 8 – Löwe: a.u und R passen zu Löwe)

Fritz Walter
(5 – Merkur: i passt zu Merkur, F und Z harmonieren mit Merkur; 5 – Löwe: R und W (nahe beim Vornamen) passen zu Löwe; 5 – Stier: W (nahe beim Vornamen) passt zu Stier; 6 – Venus: W, A und L passen zu Venus; (6 – Saturn: T, R und Z (nahe beim Nachnamen) passen zu Saturn); 11 – Wassermann: Z und i.a passen zu Wassermann; F, T und i harmonieren mit Wassermann; 11 – Stier: W passt zu Stier)

Wilhelm Hauff

(7 – Mars: i passt zu Mars; W, L und H harmonieren mit Mars; 7 – Jungfrau: E (und e.u und F) passt zu Jungfrau; 5 – Merkur: H (und i und E) passt zu Merkur; 5 – Löwe: AU passt zu Löwe, H harmoniert mit Löwe, „lm" (nahe beim Nachnamen) passt zu Löwe; 5 – Stier: AU harmoniert mit Stier, M (nahe beim Nachnamen) passt zu Stier, (W passt zu Stier); 12 – Jupiter: W, i.e und F passen zu Jupiter, L und M harmonieren mit Jupiter; 12 – Fische: AU und F passen zu Fische; W, i, L und H harmonieren mit Fische; 12 – Zwillinge: H, i und E passen zu Zwillinge, L und F harmonieren mit Zwillinge; 12 – Skorpion: F und U passen zu Skorpion)

Heinrich Zille

(8 – Saturn: H, N und R passen zu Saturn, El und e.i harmonieren mit Saturn, Z (nahe beim Vornamen) passt zu Saturn; 8 – Skorpion: CH harmoniert mit Skorpion, Z (nahe beim Vornamen) harmoniert mit Skorpion; 8 – Löwe: R passt zu Löwe, H harmoniert mit Löwe, („rich" (= reich) harmoniert mit Löwe); 5 – Merkur: i, E und der Vorname passen zu Merkur; 13 – Uranus: Z passt zu Uranus; 13 – Jupiter: CH, LL und i.e passen zu Jupiter; 13 – Krebs: El und e.i passen zu Krebs, L harmoniert mit Krebs; 13 – Widder: Z, i und LL passen zu Widder; H, R und CH harmonieren mit Widder)

Brigitte Hamann

(8 – Saturn: R und T passen zu Saturn, H (nahe beim Vornamen) harmoniert mit Saturn; 8 – Löwe: R passt zu Löwe, B und G harmonieren mit Löwe, H (nahe beim Vornamen) harmoniert mit Löwe; 6 – Venus: A passt zu Venus, M harmoniert mit Venus; 6 – Zwillinge: H und der Vorname passen zu Zwillinge; 14 – Merkur: i, G, E und H passen zu Merkur; 14 – Stier: B, G, i.e und M passen zu Stier)

Woolworth
(9 – Schütze: W und O passen zu Schütze, L harmoniert mit Schütze)

Neckermann
(10 – Steinbock: N, R und K passen zu Steinbock; 10 – Widder: NN und CK passen zu Widder; N, E und R harmonieren mit Widder; 10 – Sonne: R und M passen zur Sonne; 10 – Jungfrau: E und CK passen zu Jungfrau)

Einige Vornamen, bei denen die Buchstaben(/Buchstaben-kombinationen) gut mit der Anzahl der Buchstaben harmonieren:
Bo, Ivy, Joe, Roy, Ulf, Axel, Didi, Dirk, Dick, Effi, Emmy, Eddy, Götz, Irma, Jeff, Jens, Jill, Jörg, Judy, Lisa, Luis, Lutz, Maja, Ulla, Birke, Edgar, Edwin, Erich, Erwin, Gerdi, Gitte, Georg, Hardi, Heide, Helga, Henri, Albert, Alexis, Amanda, Andrea, Angela, Aretha, Ariane, Andrew, Arnold, Armand, Daniel, Dagmar, Harald, Marita, Pamela, Pascal, Sabina, Sandra, Sylvia, Tamara, Walter, Cäcilie, Cecilie, Christa, Corinna, Emerenz, Florian, Frances, Jessica, Nicolas, Patrick, Severin, Steffen, Vinzenz, Antonius, Anuschka, Burkhard, Heribert, Hubertus, Matthias, Katarina, Kunibert, Rapunzel, Reinhard, Ruprecht, Samantha, Suitbert, Theresia, Thorsten, Veronika, Christoph, Josephine, Liselotte, Stanislaw, Willibald, Hansdieter, Hansmartin, Konstantin

Falls 4 zu Saturn passt, harmonieren auch z. B. bei den Vornamen Erik, Resi, Susi, Sepp, Knut, Kurt, Ruth, Tess und Tina die Buchstaben gut mit der Anzahl der Buchstaben.

Einige Vornamen bei denen die Buchstaben nicht gut mit der Anzahl der Buchstaben harmonieren:
Art, Kea, Uta, Anna, Arne, Arno, Hera, Kara, Lara, Nana, Rhea, Hark, Alban, Flora, Franz, Jonas, Josua, Katja, Klara, Lukas, Rufus,

Sonja, Susan, Tanja, Tracy, Urban, Benito, Birgit, Enrico, Gregor, Hektor, Ingrid, Nestor, Robert, Steffi, Answald, Barbara, Hartmut, Manuela, Rolanda, Elfriede, Florence, Fridolin, Michaela, Wendelin, Wilhelma, Winfried, Wladimir, Wolfgang, Hanspeter, Hildegard, Rupertine

Mit der Namensanalyse kann nicht nur erklären, warum einzelne Namen gut klingen/überzeugen, sondern auch z.B., warum „Der schiefe Turm von Pisa" und „Der Koloss von Rhodos" überzeugend sind. („Schief" passt zu Uranus und harmoniert deshalb mit dem uranusbetonten Städtenamen „Pisa" (P, i.a, (S) und die Anzahl der Buchstaben (4) passen zu Uranus), bei dem auch die Buchstaben sehr gut mit der Anzahl der Buchstaben harmonieren.

„Koloss" passt zu den (großen und kraftvollen) Buchstaben R und O und harmoniert deshalb mit dem Namen „Rhodos". (Hinzu kommt, dass sich „Rhodos" auf „Koloss" reimt.))

Einige Namen, bei denen die Harmonie des Nachnamens (bzgl. der Anzahl der Buchstaben) durch den Vornamen verbessert wird:

Otto Dix (3 – Jupiter: O passt zu Jupiter)
Angelika Jahr (4 – Krebs: e.i passt zu Krebs, L und K harmonieren mit Krebs; 4 – Uranus: i.a passt zu Uranus)
Karlheinz Böhm (4 – Widder: Z passt zu Widder; K, L, H und N harmonieren mit Widder; 4 – Uranus: Z passt zu Uranus; 4 – Krebs: El passt zu Krebs, K und L harmonieren mit Krebs; Falls 4 – Saturn: K, R, H, El, N und Z passen zu Saturn)
Uschi Glas (4 – Uranus: U und i harmonieren mit Uranus; 4 – Krebs: U und SCH harmonieren mit Krebs; 4 – Widder: i passt zu Widder)
Markus Jehle (5 – Löwe: R, M und AU passen zu Löwe; 5 – Stier: M passt zu Stier, AU harmoniert mit Stier)

Barbara Hutton (6 – Venus: A passt zu Venus, B harmoniert mit Venus)

Nastassja Kinski (6 – Venus: A passt zu Venus, S harmoniert mit Venus)

Lana Turner (6 – Venus: L und A passen zu Venus)

Heinz Sielmann (8 – Saturn: Z und N passen zu Saturn, H und El harmonieren mit Saturn)

Beatrix Braukmüller (11 – Wassermann: X passt zu Wassermann)

Einige Namen, bei denen die Buchstaben des Vornamens (zu einem größeren Teil) mit der Anzahl der Buchstaben des Nachnamens harmonieren und die Buchstaben des Nachnamens (zu einem größeren Teil) mit der Anzahl der Buchstaben des Vornamens (solche Namen sind in gewisser Weise verführerisch):

Adolf Hitler:
A und D passen zu 6 – Venus, L und F harmonieren mit 6 – Venus; H, i und E passen zu 5 – Merkur.

Ben Johnson:
B passt zu 7 – Mars, E passt zu 7 – Jungfrau; J und O passen zu 3 – Jupiter.

Jennifer Rush:
e.i passt zu 4 – Krebs, J und F harmonieren mit 4 – Krebs; J passt zu 4 – Uranus; NN, i und f.r passen zu 4 – Widder; R und U passen zu 8 – Saturn, S und H harmonieren mit 8 – Saturn, U und S passen zu 8 – Skorpion, R passt zu 8 – Löwe.

Anita Ekberg:
A passt zu 6 – Venus; E, K und G passen zu 5 – Merkur, „berg" passt zu 5 – Löwe und 5 – Stier.

Barbara Steele:
A passt zu 6 – Venus, B harmoniert mit 6 – Venus; ST und E passen zu 7 – Jungfrau.

Wenn man zusätzlich die Anzahl der Laute betrachtet, findet man oft weitere Harmonien und kommt u.U. zu einem stimmigeren Ergebnis. (Wenn der Name gut klingt und/oder die Person ausgeprägte Qualitäten hat(te).)

Beispiele:
Beate Uhse (Beate Use; 3, 8 – Skorpion: U und S passen zu Skorpion; 8 – Löwe: a.u passt zu Löwe, B harmoniert mit Löwe; 8 Saturn: T, U und S passen zu Saturn)
John Travolta (Jon Travolta; 3 – Jupiter: J und O passen zu Jupiter; 11 – Wassermann: J, V und o.a passen zu Wassermann)
Don Johnson (Don Jonson; 9 – Schütze: J und O passen zu Schütze)
Edith Piaf (Edit Piaf; 4 – Krebs: e.i und D passen zu Krebs; 8 – Skorpion: P und F passen zu Skorpion ; 8 – Saturn: e.i, T und P passen zu Saturn)
Rosemarie Nitribitt (Rosemarie Nitribit; 8 – Saturn: N, T und R passen zu Saturn)
David Bowie (David Bowi; 9 – Schütze: V, W, O und i.o passen zu Schütze; 9 – Waage: D, V und W passen zu Waage)
Johann Wolfgang Goethe (Johann Wolfgang Göte; 4 – Uranus: Ö passt zu Uranus; 4 – Krebs: Ö passt zu Krebs, G harmoniert mit Krebs; 4 – Jupiter: G und Ö passen zu Jupiter)
Bert Brecht (Bert Bre(ch)t; 5 – Merkur: E passt zu Merkur; 5 – Löwe: R passt zu Löwe, B harmoniert mit Löwe; 5 – Stier: B passt zu Stier)

4.2.7 Harmonien/Dissonanzen zwischen den Buchstaben und dem Aspekt zwischen Vor- und Nachnamen

(Diese Harmonien/Dissonanzen spielen eine eher untergeordnete Rolle bzw. sind nicht so wichtig.)

Zur Konjunktion passende Buchstaben: R, M, O, W, D, AU
Zum Halbsextil passende Buchstaben: E, i, H, N, (D, V, K)
Zum Sextil passende Buchstaben: L, D, A, IE, (V, W, S)
Zum Quadrat passende Buchstaben: R, P, i, CK, X, Z, ß, (G, T, a.o)
Zum Trigon passende Buchstaben: O, W, J, SCH, M, G, L, AU, (Ü, F, CH)
Zum Quinkunx passende Buchstaben: H, L, W, J, (CH, SCH, Y)
Zur Opposition passende Buchstaben: T, N, Z, R, U

Einige Namen, bei denen die Buchstaben gut mit dem Aspekt zwischen Vor- und Nachnamen harmonieren:

(Die besonders gut mit dem Aspekt harmonierenden Buchstaben sind unterstrichen. Die Harmonie ist besonders ausgeprägt, wenn sich die zum Aspekt passenden Buchstaben am Ende des Vornamens oder am Anfang des Nachnamens befinden.)

Konjunktion: Mario Adorf, Karl Marx, Ronald Reagan, Roger Moore

Halbsextil: Beate Uhse, Heinz Erhard, Helen Hunt, Michael Reeves, Helen Keller

Sextil: Pamela Anderson, Thomas Alva Edison, Konrad Adenauer, Angela Lansbury

Quadrat: Max Frisch, Max Planck, Emil Zatopek, Peter Hartmann, Gregory Peck, Lex Barker

Trigon: Joachim Fuchsberger, Don Johnson, Michail Gorbatschow, Udo Jürgens, Heinrich Böll

Quinkunx: Drew Barrymore, Hans-Jochen Vogel
Opposition: Arthur Schopenhauer, Franz Beckenbauer

Einige Namen, bei denen die Buchstaben nicht gut mit dem
Aspekt zwischen Vor- und Nachnamen harmonieren:

Konjunktion: Jean Pütz, Lisa Fitz, Bianca Jagger
Sextil: Robert Koch, John Huston
Quadrat: Adolf Eichmann, Faye Dunaway
Trigon: Peter Alexander

4.2.8 Anwendungsbeispiele

Jede Person wird mit einem Namen benannt. Der Nachname
steht i. A. schon fest und es muss noch ein Vorname gewählt
werden. Es ist von Vorteil, wenn der Vorname nicht nur dem
persönlichen Geschmack der Eltern entspricht, sondern auch
mit dem Nachnamen harmoniert und sich ein überzeugender,
qualitativ hochwertiger ganzer Name ergibt.

1. Beispiel:
Zum Nachnamen „Hoffmann" werden geeignete Vornamen
gesucht.
Die Anzahl der Buchstaben (8) passt zu Saturn und zu den
Zeichen Skorpion und Löwe. Da „off" schlecht zu Saturn
(sondern zu Jupiter) passt, sollte die Endung des Vornamens
saturnbetont sein (z. B. -ur, -us, -ut, -rt) oder die Anzahl der
Buchstaben des Vornamens oder des ganzen Namens zu Jupiter
passen. (Die Dissonanz von „off" zur Anzahl der Buchstaben
des Nachnamens wird dann durch die Harmonie zwischen der
Endung des Vornamens und der Anzahl der Buchstaben des
Nachnamens oder durch die Harmonie zwischen „off" und der
Anzahl der Buchstaben des ganzen Namens ausgeglichen.) Da
der Nachname die Hauptsache ist, ist es günstig, wenn auch die

Buchstaben des Vornamens mit der Anzahl der Buchstaben des Nachnamens harmonieren. (Der Buchstabe U passt besonders gut zur Zahl 8.)

Als Anzahl der Buchstaben sind beim Vornamen 3 und 4 besonders günstig, die nächstgünstigste Anzahl ist wohl 6. (Bei Vornamen mit 3 Buchstaben passt „Hoff" gut zur Anzahl der Buchstaben des Vornamens (3 passt zu Zwillinge und Jupiter, H und F passen zu Zwillinge, O und F zu Jupiter) und „o.a" passt zur Buchstabenzahl des ganzen Namens.)

Mit den Buchstaben des Nachnamens harmonieren K, L, P, T und V gut. (K harmoniert mit H, F und M; L harmoniert mit H, O und N; P harmoniert mit F und N; T harmoniert mit H, F und M; V harmoniert mit H, O, M und N.)

Der Buchstabe G steht H nahe, V hat Ähnlichkeit mit F, Ö hat Ähnlichkeit mit O; E ist wie H merkurbetont und steht F nahe. (Der Buchstabe V ist also für den Vornamen besonders günstig.)

Es sind also z. B. folgende Namen (mit Nachnamen „Hoffmann") recht gut/günstig:

Pia Hoffmann (P harmoniert mit F; P, i.a und o.a passen zu 11 – Wassermann, ...)

Eva Hoffmann (V hat Ähnlichkeit mit F und harmoniert mit H und M; V, F und o.a harmonieren mit 11 – Wassermann, a.o passt zu 8 – Löwe, ...)

Ina Hoffmann (I steht H nahe, „na" hat Ähnlichkeit mit „ann", i.a hat Ähnlichkeit mit o.a; i.a und o.a passen zu 11 – Wassermann, ...)

Kai Hoffmann (K harmoniert mit H, F und M; i steht H nahe, „off" passt zu 3 – Jupiter, ...)

Ulf Hoffmann (U passt zu 8 – Saturn und 8 – Skorpion, F hat Ähnlichkeit mit „ff", ...)

Anja Hoffmann (A, F und H passen zu 12 – Fische; J, O und F passen zu 12 – Jupiter, J passt zu 4 – Uranus, „An" hat Ähnlichkeit mit „ann"; „A.a" hat Ähnlichkeit mit "ff" und „nn", ...)

Ilja Hoffmann (I steht H nahe, L harmoniert mit H; i.a und J passen zu 4 – Uranus, ...)

Lucia Hoffmann (H passt zu 5 – Merkur; u.i, u.a, u.o, i.a, i.o und o.a passen zu 13 – Uranus, L harmoniert mit H, ...)

Evelyn Hoffmann (V hat Ähnlichkeit mit F; E, N und H passen zu 14 – Merkur, L harmoniert mit H und N, die Endung des Vornamens hat Ähnlichkeit mit der Endung des Nachnamens, ...)

Helmut Hoffmann (H, E und N passen zu 14 – Merkur, „ut" passt zu 8 – Saturn und 8 – Skorpion, ...)

Lolita Hoffmann (L harmoniert mit H, „L.l" hat Ähnlichkeit mit „ff" und „nn", „o.i.a" hat Ähnlichkeit mit „o.a", T (nahe beim Nachnamen) passt zu 8 – Saturn, ...)

Nadine Hoffmann (N, D, i, E und H passen zu 14 – Merkur, "N..n" hat Ähnlichkeit mit „nn", der Anfang des Vornamens („Na") passt zur Endung des Nachnamens ("ann"), ...)

Verena Hoffmann (V harmoniert mit H und M und hat Ähnlichkeit mit F; E, N und H passen zu 14 – Merkur, „na" hat Ähnlichkeit mit „ann", a.o passt zu 8 – Löwe, ...)

Vivien Hoffmann (i, E, N und H passen zu 14 – Merkur, "V.v" hat Ähnlichkeit mit „ff", die Endung des Vornamens hat Ähnlichkeit mit der Endung des Nachnamens, ...)

2. Beispiel:

Zum Nachnamen „Klein" werden geeignete Vornamen gesucht.

Die Anzahl der Buchstaben (5) passt zu Merkur und zu den Zeichen Löwe und Stier. Die Buchstaben passen gut zu Merkur, aber schlecht zu Löwe und Stier. (Es fehlt ihnen an Größe (Löwe) und an Substanz (Stier).) Deshalb und auch, weil der Name vom Wortsinn her klein und etwas unattraktiv ist, sollte man einen Vornamen mit großen, substanzvollen Buchstaben (z. B. AU, M, O, R, W) wählen. (Der Vorname sollte dann allerdings auch „kleinere" Buchstaben (z. B. D, F) enthalten, damit der Kontrast zwischen Vor- und Nachnamen nicht zu stark wird.) Ein Vorname mit dem Buchstaben O ist auch deshalb günstig, weil die Buchstabenkombination o. i zum Zeichen Löwe passt. Eine andere Möglichkeit, den Nachnamen attraktiver erscheinen zu lassen, ist die Wahl eines jupiterbetonten Vornamens (z. B. Michael, Joachim).

Die Buchstaben D und F harmonieren gut mit K und N; H, P und S harmonieren gut mit K, L und N. Der Buchstabe M hat Ähnlichkeit mit N und IE/i.e hat Ähnlichkeit mit El. Als Anzahl der Buchstaben sind beim Vornamen 5, 8 und 9 günstig. (Die Buchstaben des Nachnamens harmonieren mit Steinbock (5 bzw. 10 Buchstaben), mit Krebs (8 bzw. 13 Buchstaben) und mit Merkur (9 bzw. 14 Buchstaben).

Bei einem Vornamen mit 5 Buchstaben ergibt sich eine Konjunktion, die dem Namen etwas mehr Autorität gibt. Bei einem Vornamen mit 9 Buchstaben ergibt sich ebenfalls ein günstiger Aspekt.)

Es sind also z. B. folgende Namen recht gut/günstig:

Nora Klein (Der Anfangsbuchstabe ist mit dem Endbuchstaben identisch, o.i und R passen zu 5 – Löwe, o.a passt zu 4 – Uranus und zu 4 – Krebs, ...)

Wolf Klein (W, O und L passen zu 9 – Schütze, F harmoniert mit K, ...)

Horst Klein (H, R, ST, K und N passen zu 10 – Steinbock, H harmoniert mit K und L, ...)

Guido Klein (G, U, K und N passen zu 10 – Steinbock, "ui" hat Ähnlichkeit mit "ei", ...)

Silke Klein (i, K und N passen zu 10 – Widder, K und N passen zu 10 – Steinbock, S harmoniert mit K, „lk" hat Ähnlichkeit mit „Kl", „i.e" hat Ähnlichkeit mit El, ...)

Simon Klein (S harmoniert mit K und L, „im" und „i.n" haben Ähnlichkeit mit „in", ...)

Sophie Klein (S harmoniert mit K und L; P passt zu 11 – Wassermann ; E, i, H, K und N passen zum Halbsextilaspekt, IE hat Ähnlichkeit mit El, ...)

Joachim Klein (J, O, CH und M passen zu 12 – Jupiter; a.i, CH und El passen zu 12 – Fische, „im" hat Ähnlichkeit mit „in", ...)

Luitpolt Klein (U und T passen zu 8 – Saturn, U und P passen zu 8 – Skorpion, „ui" und P passen zu 13 – Uranus, El passt zu

13 – Krebs, P harmoniert mit K und L, ...)

Friedhelm Klein (i, E, D, H, K und N passen zu 14 – Merkur, IE hat Ähnlichkeit mit El, der Endbuchstabe des Vornamens hat Ähnlichkeit mit dem Endbuchstaben des Nachnamens, „el" hat Ähnlichkeit mit "le", ...)

Siegfried Klein (S harmoniert mit K; i, E, G, D, K und N passen zu 14 Merkur, IE hat Ähnlichkeit mit El, ...)

3. Beispiel:

Zum Nachnamen „Müller" werden geeignete Vornamen gesucht.

Dass der Name eine etwas unattraktive Seite hat, liegt daran, dass er etwas zu konzentriert/substanzvoll/überbetont ist und an der unattraktiven Buchstabenkombination M – Ü bzw. M – U. Der Vorname sollte deshalb überwiegend schlanke/magere Buchstaben enthalten. (z. B. A, CH, i/ie, J, N, T, V, Z) Der Buchstabe A ist für den Vornamen besonders günstig, denn er passt zur Anzahl der Buchstaben des Nachnamens (A passt zu 6 – Venus) und es ergibt sich die Vokalkombination A – U bzw. A – Ü, die den Nachnamen etwas attraktiver macht. Mit den Buchstaben des Nachnamens harmonieren z. B. A, J, P, T und V. (A und V harmonieren mit M, Ü und L; J harmoniert mit M und Ü; P harmoniert mit Ü und L; T harmoniert mit M und L.) Der Buchstabe N hat Ähnlichkeit mit M und der Buchstabe U hat Ähnlichkeit mit Ü.

Es sind also z. B. folgende Namen recht gut/günstig:

Jan Müller (J harmoniert mit M; J, Ü und L passen zu 9 – Schütze, N hat Ähnlichkeit mit M, ...)

Alex Müller (X passt zu 4 – Uranus, L und M passen zu 4 – Krebs, „le" hat Ähnlichkeit mit „lle", X harmoniert mit M, ...)

Kurt Müller (K, U, R und T passen zu 10 – Steinbock, U hat Ähnlichkeit mit Ü, T harmoniert mit M und L, ...)

Tina Müller (T passt zu 10 – Steinbock und harmoniert mit M und L; N hat Ähnlichkeit mit M und „na" hat eine gewisse

Ähnlichkeit mit „Mü" (A und Ü sind beide venusbetont), ...)

Vera Müller (V harmoniert mit M und L, „era" hat Ähnlichkeit mit „er", ...)

Anita Müller (A passt zu 6 – Venus und harmoniert mit M, Ü und L; T harmoniert mit M und L; i.a und Ü passen zu 11 – Wassermann, N hat Ähnlichkeit mit M, ...)

Petra Müller (P und Ü passen zu 11 – Wassermann, P harmoniert mit Ü und L, "e.r" hat Ähnlichkeit mit „er", ...)

Tanja Müller (T harmoniert mit M und L; J harmoniert mit M; A passt zu 6 – Venus, J und Ü passen zu 11 – Wassermann, N hat Ähnlichkeit mit M, ...)

Janine Müller (J harmoniert mit M, „n.n" hat Ähnlichkeit mit M und „ll", ...)

Jochen Müller (J harmoniert mit M; J, O, CH, Ü und L passen zu 12 – Jupiter, ...)

Tamara Müller (T harmoniert mit M und L; A und M passen zu 6 – Venus, "m.r" hat Ähnlichkeit mit „M.... r", „ma" hat Ähnlichkeit mit „Mü" (A und Ü sind beide venusbetont), die Endung „ra" hat Ähnlichkeit mit dem Endbuchstaben R, ...)

Dietrich Müller (T, R und CH harmonieren mit M; D, i, E, H und E passen zu 14 – Merkur, „e.r" hat Ähnlichkeit mit „er", „Die" hat eine gewisse Ähnlichkeit mit „Mü", ...)

Nathalie Müller (N, T und H passen zu 8 – Saturn, „N.... l" hat Ähnlichkeit mit "M.ll" ; „l.e" hat Ähnlichkeit mit „lle"; A, L und IE passen zum Sextilaspekt, ...)

5. Ergänzungen der Namensanalyse

Bei der ergänzenden Namensanalyse wird der Name nicht isoliert betrachtet, sondern mit etwas in Verbindung gebracht, das mit der Person des Namensträgers zusammenhängt (z. B. Horoskop des Namensträgers, Beruf, Name des Partners) und es wird die Harmonie dazu untersucht. (Es wird also untersucht, ob der Name zum Horoskop passt/mit dem Horoskop harmoniert usw..) Wenn der Name mit etwas harmoniert, kann er auf das, mit dem er harmoniert/eine Harmoniebeziehung hat, einwirken und eine jupiterbetonte Wirkung entfalten. (Der Name hängt mit dem Jupiterprinzip zusammen.) Wenn z. B. der Name zum Beruf passt, kann er erfolgsfördernd sein. Die ergänzende Namensanalyse bezieht sich deshalb auf jupiterbetonte Themen. (Begabung, beruflicher Erfolg, Partnerschaft/Harmonie in der Partnerschaft).

5.1 Harmonien/Dissonanzen zwischen dem Namen und dem Horoskop; Name und Begabung

Da Buchstaben mit Urprinzipien und Tierkreiszeichen immer mehr oder weniger ausgeprägte Harmonie/Dissonanzbeziehungen haben (siehe: 2.2.1/2.2.2) gibt es zwischen dem Namen und dem Horoskop immer eine (sehr komplexe) Harmonie/Dissonanzbeziehung. (Namen können auch vom Wortsinn her zum Horoskop passen/nicht passen (s. u.).)

Im Horoskop ist die Veranlagung enthalten und das Horoskop ist auch ein Ziel. (Der Mensch soll sich seinem Horoskop gemäß verwirklichen und sich dadurch seinem Horoskop annähern.) Ein Auseinanderklaffen von Name und Horoskop ist auf jeden Fall ungünstig, denn dann ist die Person unpassend benannt und der

Name stört die richtige Selbstverwirklichung. Ein Zusammenpassen von Namen und Horoskop ist eher günstig und integer. (Die Person wurde passend benannt. Ob ein Zusammenpassen von Name und Horoskop ein großer oder eher kleiner Vorteil ist, ist zunächst unklar.)

Ein zum Horoskop passender Name kann die im Horoskop enthaltenen Begabungen, die zunächst nur latent existent sind (das Horoskop hat eine „sehr reduzierte Existenz"), zur Geltung bringen. Begabungen im Horoskop hängen vor allem mit Aspekten zusammen, besonders ausgeprägte Begabungen werden oft von einer ausgeprägten Harmonie zwischen dem Namen und einem Aspekt im Horoskop begleitet. (s. u.) Dafür, dass Harmonien zwischen Namen und Horoskop mit menschlichen Werten (z. B. Begabungen, Integrität) zusammenhängen, spricht auch, dass solche Harmonien schon für sich einen gewissen (ästhetischen) Wert haben.

Man findet recht häufig ausgeprägte Harmonien zwischen dem Namen und dem Horoskop. Dass z. B. die sehr ausgeprägte Harmonie zwischen dem Namen „Adolf Hitler", und der Konjunktion von Mars und Venus in Hitlers Horoskop (s. u.) bedeutungslos/rein zufällig ist, ist unglaubhaft.

Der Vorname kann dem Mond und dem Aszendenten zugeordnet werden, der Nachname der Sonne und dem MC. Der Vorname sollte also etwas mit dem Stand von Mond und Aszendent harmonieren, der Nachname etwas mit dem Stand von Sonne und MC.

Einige Namen, die gut mit dem Sonnenzeichen des Namensträgers harmonieren:
Widder: Gregory Peck, Heinz Nixdorf, Tanja Blixen, Jochen Rindt, Günter Pfitzmann, Gerhard Ritter
Stier: Adolf Muschg, Claude Weiss, Uwe Barschel, Max Weber,

Salvador Dali, Daniel Wood

Zwillinge: Henry Kissinger, Helen Hunt, Heinrich Hoffmann, Dieter Hildebrandt, Peter Fleming

Krebs: Erich Kuby, Eduard Dietl, Heinz Moog, Juliane Werding, Ferdinand von Zeppelin, Semmelweis

Löwe: Robert Redford, Robert Mitchum, Max Schautzer, Wulfing von Rohr, Rudolf Schmundt

Jungfrau: Carl Zeiss, Liz Greene, Erwin Teufel, Peter Falk, Friedrich Kekulé, Frances Farmer

Waage: John Lennon, Julie Andrews, Angela Lansbury, Heather Locklear, Friedrich Nietzsche

Skorpion: Pablo Picasso, Sylvia Plath, Gunther Sachs, Franz von Papen, Uwe Seeler, Martin Scorsese

Schütze: Don Johnson, Dionne Warwick, Winston Churchill, Johannes D. van der Waals, José Orozco

Steinbock: Kurt Tucholsky, Richard Nixon, Herbert Reinecker, Hannelore Traugott, Henri Nannen

Wasssermann: Jean Piccard, Ida Lupino, Lisa Presley, Peter Piot, Jack Palance, Pirmin Zurbriggen

Fische: Joseph von Eichendorff, Adolf Eichmann, Joseph Fraunhofer, Nikolaus Lauda, Michael Chang

Einige Namen, die vom Wortsinn her gut mit dem Sonnenzeichen des Namensträgers harmonieren:

Widder: Marlon Brando, Otto von Bismarck, Ellen Barkin (to bark = bellen)

Stier: Ralf Dahrendorf, Friedrich Sieburg (rich = reich), Senta Berger, Udo Lindenberg, Rüdiger Nehberg (gern, Berg (= Ansammlung/Anhäufung), Sigmund Freud

Zwillinge: Dieter Hildebrandt (dire/on dit = sprechen/man spricht, Hand)

Krebs: Anne Sophie Mutter, Ingeborg Bachmann

Löwe: Neil Armstrong (strong = stark), Norman Schwarzkopf, Rosi Mittermaier

Jungfrau: Günther Netzer, Wolfram Siebeck

Waage: Doris Kunstmann
Skorpion: Horst Stern, Don Siegel (ein Siegel ist fix und modell-
haft), Uwe Seeler
Schütze: Winston Churchill (to win = gewinnen), Heinz Riesen-
huber, J. van der Waals
Steinbock: Emil Steinberger, Max Pechstein, Friedrich Dürren-
matt
Wassermann: Paul Newman, Hans-Jochen Vogel
Fische: Uschi Glas, Robert Fischer, Nadja Auermann (Aura)

Einige Namen mit ausgeprägten Dissonanzen zum Sonnenzei-
chen des Namensträgers:
Frederico Fellini (Steinbock): F passt zu Jupiter, D und e.i passen
zu Krebs.
David Bowie (Steinbock): D passt zu Krebs, O und W pas-
sen zu Jupiter, nur A und V harmonieren mit Steinbock. Der
Name ist nicht hart und reduziert/mager sondern weich und
reichhaltig/voll.
Peter Niehenke (Stier): P passt zu Skorpion und Wassermann.
Dem Namen fehlt es an Substanz, nur IE harmoniert mit Stier.

Einige ausgeprägte Harmonien zwischen dem Namen und Aspekten im Horoskop des Namensträgers:
Albert Einstein (Konjunktion von Merkur und Saturn):
Die Buchstaben E, I (und N), die Worte „Eins" (Zahl) und „ein"
(sachliches, nüchternes Wort) und die Zahlen 5 (Anzahl der
Buchstaben von „stein") und 14 (Anzahl der Buchstaben des
ganzen Namens) passen zu Merkur. Die Buchstaben R, T, EI,
N und S, die Worte „Eins" (kleinste/reduzierteste ganze Zahl)
und „Stein" und die Zahl 8 (Anzahl der Buchstaben des Nachnamens) passen zu Saturn.

Gerd Faltings (Konjunktion von Merkur und Jupiter, Sextil von
Merkur und Venus):

Die Buchstaben G, E und i passen zu Merkur, die Buchstaben D, N und S harmonieren mit Merkur. Die Buchstaben F und G passen zu Jupiter, der Buchstabe L harmoniert mit Jupiter und die Zahl 12 passt zu Jupiter. Die Buchstaben D, A und L passen zu Venus und zum Sextilaspekt. ((F)al: Venus, al: Sextil, ings: Merkur))

Herman Kahn (Konjunktion von Merkur, Sonne und Venus):
Vorname: H und E passen zum Merkur, R und M passen zur Sonne und A, M und die Anzahl der Buchstaben passen zur Venus.
Nachname: Der großgeschriebene Anfangsbuchstabe und der ganze Nachname passen in gewisser Hinsicht zur Sonne, A passt zur Venus und H und N passen zum Merkur.

Vincent Price (Quadrat von Mars und Pluto):
P passt zu Pluto, R zum Quadrataspekt und "ri" zu Mars.

Adolf Hitler (Konjunktion von Mars und Venus):
Der Vorname passt zu Venus (A, D, L (und F) passen zu Venus), der Nachname zu Mars (i und R passen zu Mars, T, H und L harmonieren mit Mars, to hit = schlagen) und auch etwas zu Venus (i. e und L passen zu Venus, die Zahl 6 passt zu Venus).

Bianca Jagger (Konjunktion von Merkur und Venus):
Vorname: i passt zu Merkur; A, B und die Anzahl der Buchstaben passen zu Venus.
Nachname: G und E passen zu Merkur, A und die Anzahl der Buchstaben passen zu Venus.

5.2 Harmonien zwischen dem Namen und dem Beruf/der Karriere; Name und Erfolg

Bei vielen bekannten Persönlichkeiten passen Name und Beruf/ Karriere sehr gut zusammen. Beispiele:

Adolf Hitler (Der Buchstabe A und die Buchstabenkombination a.o passten zu Hitlers Führerrolle. Der Vorname passte durch seine Ähnlichkeit mit dem Wort „Adel" zu Hitlers Elitedenken und zu seiner Rassenlehre. Der Nachname passte zu seiner aggressiven und harten Politik bzw. zu seinem Krieg (to hit = schlagen).)

Heinrich Himmler (Der Name passt zu Ideologien (er ist merkurbetont, der Nachname hat starke Ähnlichkeit mit dem Wort „Himmel") und hat Ähnlichkeit mit „Adolf Hitler" (CH passt wie F zu Jupiter). (Himmler entwickelte Hitlers Ideologie weiter.))

Joseph Goebbels (Die Buchstaben J, O und L passen zu Schwung und Enthusiasmus, OE passt zu Übertriebenem/Aufgebauschtem und Pathos. Der Buchstabe B ist einfach und naturverbunden, also passte BB zu einer Propaganda, die vereinfachte, dauernd wiederholt wurde und an Instinkte appellierte. Der Nachname hat starke Ähnlichkeit mit dem englischen Wort „gobbledygook" (= meaningless but importantsounding official language).)

Albert Einstein (Der Nachname beginnt mit einer Zahl; die Buchstaben L, B und S sind dynamisch. (Die Relativitätstheorie ist mathematisch formuliert und hat viel mit Bewegung/ Geschwindigkeit zu tun.) Das doppelte EI passt zu besonderer Kreativität. (Aus einem Ei entsteht etwas Neues.))

Edmund Hillary (Der Nachname beginnt mit „Hill" (hill = Hügel, Berg) und ist marsbetont. (Hillary ist der Erstbesteiger des Mount Everest.))

Emil Zatopek (Die Buchstaben i, L, Z und P sind marsbetont, die Buchstabenkombination a.o ist sehr kraftvoll. Die Buchstaben E und L passen zum Gehen/Laufen (sie sind normal/moderat, L passt zu gleichmäßiger Bewegung); Z und P passen zum Extremsport. Der Nachname ist saturnbetont und passt dadurch zu anstrengendem Ausdauersport.)

Anja Fichtl (Die Buchstaben N, J, i, CH und T passen zum Zeichen Widder; der Nachname hat starke Ähnlichkeit mit dem Wort „Fechten". Der Buchstabe A passt zu etwas, das an erster Stelle steht; J, F und CH passen zu Jupiter, also zu Erfolg. (A. Fichtl war Fechtweltmeisterin.))

Beate Uhse (Die Buchstaben B, U und S passen zu Erotik/Sexualität.)

Wolfram Siebeck (Die Buchstaben W, L, A, M, S, IE und B passen zu Venus; W, O, L, F, M, IE und CK passen zu Jupiter. Der Buchstabe B ist naturverbunden, der Vorname beginnt mit „Wolf"; B, i(e) und S passen gut zum Beißen/Essen. Die Buchstaben i, E, K und die Anzahl der Buchstaben (14) passen zu Merkur. (Siebeck ist Gourmet (Venus, Jupiter), Berufsesser/Gastronomiekritiker und Journalist/Buchautor (Merkur).)

Auch bei normalen/unspektakulären Berufen/Verwirklichungen passt der Name manchmal sehr gut zum Beruf. Beispiele:

Michael Rathgeb (Unternehmensberater)
Eugen Kloos (Bäcker)
Angelika Woblick (Photographin)

Eine Reihe von Architekten, bei denen der Name gut zum Beruf passt:
Peter Häusler
Hans Häusler („Hans" hat Ähnlichkeit mit „Haus")

Rolf Bürhaus
Anton Steinhauser
Werner Krauthause
Helmut Hausen
Wido Neubauer
Albert Bauhofer
Robert Neumeier
Walter Neuwirth
Alfred Hofbauer
Alfred Haller
Kurt Hofmann
Thomas Hoffmann
Helmut Hofmann
Franz-Joseph Thalhofer
Karl Borgenheimer („Borg" hat Ähnlichkeit mit „Burg")
Peter Isenburg
Wilhelm Holzbauer
Jörg Burlinghaus
Wolfgang Heim (Gang = Flur/Diele)
Wilhelm Kasten
Peter Bergsteiner
Alfred Kästle
Wolfgang Eckle
Brigitte Eckert
Michael Krahwinkel
Paul W. Krahwinkel
Eckhard Albrecht
Heinz-Georg Krause
Heribert Pfaus
Rainer Wetzstein
Fritz Keller
Bernd Ammann
Johannes Hauer
Albrecht Hanser
Rainald Ecker

Hartmut Hügel
Max Antesberger
Heribert Hauber
Stefan Amann
Horst Kraus
Hermann Huber
Elmar Huber
Hans Erhardt
Kurt Halder
Wolfgang Heuberger (Ein Berg ist wie ein Haus dauerhaft und stabil)
Wilhelm Ruoff (Ein Helm ist wie ein Haus fest und stabil)

(Zur Architektur passen die Buchstaben A, R, K, H, T N, a.o, AU und auch die jupiterbetonten Buchstaben F und W.
Einige zum Beruf des Architekten gut passende Vornamen: Rolf, Anton, Alfred, Albrecht, Hermann, Hans, Kurt, Helmut, Werner, Karl, Hartmut, Rainer)

Ein Zusammenpassen von Name und Beruf/Verwirklichung ist aus folgenden (allgemeinen und speziellen) Gründen erfolgversprechend:

- Der Name hängt mit dem Jupiterprinzip zusammen und schafft eine Atmosphäre von Sicherheit und Vertrauen.
- Da der Name eng mit der Person verbunden ist, ist es wahrscheinlich, dass eine zum Namen passende Verwirklichung der Person (mehr oder weniger) angemessen ist.
- Da der Name mit den Begabungen zusammenhängt, ist es wahrscheinlich, dass bei einer zum Namen passenden Verwirklichung die vorhandenen Begabungen genutzt werden.
- Der Name ist auch eine Art Aushängeschild und kann, wenn er zum Beruf passt, ein die Karriere unterstützendes Werbemittel sein. Ein mit dem Beruf harmonierender

Name vermittelt ein Gefühl von Sicherheit und fördert das Vertrauen.

Der Name kann also genutzt werden, indem man einen mit dem Namen harmonierenden Beruf wählt. (Der Beruf sollte allerdings auch zum Horoskop passen.) Eine Nutzung des Namens passt, wie der Name in gewisser Hinsicht selbst, zum Zeichen Stier.

Da der Zusammenhang zwischen dem Namen „Adolf Hitler" und Hitlers Karriere sehr ausgeprägt und besonders interessant ist, kommt jetzt noch eine ausführliche Untersuchung dieses Namens/Zusammenhangs:

a) Allgemeine Betrachtung der Buchstaben:
A: passt zu etwas, das am Anfang oder an erster Stelle steht
D: passt zu Edlem/Vornehmem und zu einer Ansammlung/Anhäufung
O: passt zu Größe und Wichtigkeit
L: passt zur Gemeinschaft und ist dynamisch und kraftvoll
F: ist aufdringlich
H: ist vielseitig, unruhig und etwas aufdringlich
i: ist impulsiv und dynamisch
T: ist hart
E: ist sachlich
R: ist kraftvoll und autoritär
a.o: ist kraftvoll und passt zu Großem/Gewaltigem
i.e: ist ausgedehnt

Diese Charakterisierungen der Buchstaben passen fast alle recht gut zu Hitler und zum Nationalsozialismus.

Auffälligkeiten:
—   Der Vorname hat eine starke Ähnlichkeit mit dem Wort „Adel".

- Die Endung "lf" ist etwas eigenartig. (Übliche Reihenfolge der Buchstaben: fl)
- Der Nachname erinnert an „Hit" (= Treffer, Erfolg) und an „to hit" (= schlagen).

Einige Zusammenhänge zwischen dem Namen und der Person und Politik Hitlers sind sehr deutlich/fast offensichtlich:

- Die Vokale A und O und die Vokalkombination a.o passten zu Hitlers Führerrolle. (Ein Führer steht an erster Stelle (A) und ist wichtig (O) und kraftvoll (a.o).)
- Der Vorname passte durch seine Ähnlichkeit mit dem Wort „Adel" bzw. durch die Buchstaben A, D und L (A steht an erster Stelle, D ist vornehm, L passt zur Gemeinschaft) zur Rassenlehre. (Der Adel (erste/höchste/edelste Gesellschaftsschicht) entspricht der „arischen Rasse"/„deutschen Rasse" (nach Hitlers Rassenlehre die höchste/edelste Rasse).)
- Der Nachname passte zu Hitlers aggressiven Kriegspolitik (to hit = schlagen).

b) Astrologische Betrachtung der Buchstaben und Zahlen:
Betonungen der Urprinzipien/Tierkreiszeichen durch Buchstaben und Zahlen:
Sonne: O, L, a.o, R, Konjunktion (Hit-ler); Löwe: a.o, o.i, R, (H, L), 5, 3 (?) (Hit-ler)
Merkur: D, H, i, E, 5, Halbsextil; Zwillinge: H, i, E, (F, L, R), 3 (Hit-ler)
Venus: A, D, L, i.e, (F), 6; Stier: D, O, i.e; Waage: A, D, L, i.e, (T)
Mars: a.o, i, R, T, (H, L), 3 (?) (Hit-ler); Widder: lf, i, T, (H, L)
Jupiter: O, F, i.e, (L), 3 (Hit-ler)
Saturn: H, T, R, (6 (?)); Steinbock: A, T, H, R
(Uranus: lf; Wassermann: 11)
Neptun: D, L, (O, F, H), 5 (?); Fische: A, a.i, D, F, (i, H, L)
Pluto: F, (H); Skorpion: F, (H), 3 (Hit-ler)

(Die Plutobetonung durch den Buchstaben F ist zwar relativ schwach, kommt aber gut zur Geltung, da sie mit den kraftvollen Buchstaben L, O und a.o verbunden ist und F hier ein Endbuchstabe ist.)

Die Betonung des Zeichens Löwe passte zum Führerprinzip, zu Hitlers Autorität und zu seiner Machtpolitik. Die Merkur/Zwillingebetonung passte dazu, dass Hitler eine Ideologie entwickelte und zu seinem Geschick und Rednertalent. Die Venusbetonung passte zu Hitlers Fähigkeit, Menschen emotional anzusprechen und für sich einzunehmen. Die Mars/Widderbetonung passte zu Hitlers Energie, zu seiner Durchsetzungsfähigkeit, dazu, dass Kampf und Selbstbehauptung für ihn Lebensprinzipien waren und zu seinem Krieg, der vor allem als Kampf um Lebensraum gedacht war. Die Jupiterbetonung passte zu Hitlers Pathos, zu seiner Erfolgsphase, zu seiner Expansionspolitik und zu seiner Selbstüberschätzung und Siegeszuversicht. Die Saturn/Steinbockbetonung passte zu Hitlers Ehrgeiz, zu seiner Härte/Strenge, zu seinem Dogmatismus/seiner Sturheit, zur allgemeinen Reglementierung des Lebens im 3. Reich, zu den Beschränkungen der persönlichen Freiheit und zu den Anstrengungen, die mit der Aufrüstung und mit dem Krieg verbunden waren. Die Neptun/Fischebetonung passte zu Hitlers Gemeinschaftssinn, zur Unklarheit der Ideologie und zum Führerkult, der eine Ersatzreligion war. Die Plutobetonung passte zu Hitlers Machtstreben und zu seiner Rücksichtslosigkeit und Besessenheit.

Die astrologische Betrachtung der Buchstaben und Zahlen führt zu dem Ergebnis, dass bestimmte Urprinzipien und Zeichen (mehr oder weniger stark) betont sind. Dies ist in diesem Fall aber zu einfach, denn Hitlers Realität war gespalten. (Aus seiner Sicht waren die meisten anderen Rassen und Gesinnungen nicht mit der eigenen Rasse und der eigenen Ideologie verträglich und sollten unterdrückt/bekämpft werden.) Deshalb noch:

c) Die Berücksichtigung der Positionen der Buchstaben:

In der Graphologie wird die linke Seite dem Ich/der Innenwelt und der Vergangenheit zugeordnet und die rechte Seite der Außenwelt und der Zukunft. (Das Schreiben geht vom Ich aus und ist der Außenwelt zugewandt (wenn man etwas sagt oder schreibt, äußert man sich) und man schreibt von links nach rechts. Das schon Geschriebene, links Stehende wurde in der Vergangenheit geschrieben, das noch zu Schreibende, rechts Stehende wird in der Zukunft geschrieben.) Dies kann man auf Namen übertragen: Der Vorname bezieht sich mehr auf das Ich, das Eigene, die eigene Vergangenheit/Herkunft und der Nachname mehr auf die Beziehung zur Außenwelt und auf die Zukunft bzw. auf die Ziele. (Dies passt dazu, dass der Vorname privater/intimer als der Nachname ist.) Dass die venusbetonten Buchstaben überwiegend ganz links stehen, bedeutet, dass bei Hitler das Venusprinzip nicht auf die Außenwelt gerichtet war (bzw. in Form von Freundlichkeit/Entgegenkommen zur Geltung kam), sondern auf die eigene Person (Narzissmus). Dass der Nachname hart und marsbetont ist, bedeutet, dass Hitlers Verhältnis zur Außenwelt hart und kämpferisch war.

Aus der Zuordnung der rechten Seite zur Außenwelt ergibt sich, dass die Endungen von Vor- und Nachnamen der Außenwelt besonders zugewandt sind. Dass die Endung „lf" aufdringlich und etwas eigenartig/verwirrend ist, passt (zusammen mit der Buchstabenkombination a.o) zu der suggestiven Kraft, mit der Hitler seine Mitmenschen beeinflusste. (Suggerieren = seelisch beeinflussen, einflüstern)) Dass der Endbuchstabe des Nachnamens und des ganzen Namens (R) kraftvoll und autoritär ist, ist ebenfalls sehr stimmig.

Wenn man den Namen „Adolf Hitler" auf die globale Situation bezieht (den Vornamen auf Deutschland/das deutsche Volk (das eigene Land/Volk) und den Nachnamen auf das Ausland/auf andere Völker bzw. auf das Verhältnis zum Ausland/zu anderen

Völkern) kommt man der Ideologie und Politik des Nationalsozialismus sehr nahe: Das eigene Volk galt als edel (D), kam an erster Stelle (A) und sollte gefördert werden („olf"(Jupiter)). Andere Völker sollten bekämpft (H, i, T, R (Mars)) und eingeschränkt/unterdrückt (H, T, R (Saturn)) werden.

Der Vorname „Adolf" passt zu
—   Edlem, Vornehmem (D), an erster Stelle Stehendem (A)
—   Bedeutungsvollem, Großem, Kraftvollem (O, a.o)
—   Gemeinschaft, zum Volk (L, O, (A)) (L passt zur Gemeinschaft, O zu Größe, OL also zu einer großen Gemeinschaft; die Gemeinschaft/das Volk/der Staat kommt in mancher Hinsicht an erster Stelle (A))
—   Boden und Raum/Lebensraum (D, A, L) (D passt zum Boden (z. B.: Erde, Land), A und L passen zum Raum (z. B.: All, Areal, Ar, Acker), der Lebensraum kommt an erster Stelle (A))
—   Wachstum/Erweiterung/Expansion (O, L, F)

Wenn man noch berücksichtigt, dass der Vorname links steht und sich deshalb auf das Eigene bezieht, ergibt sich, dass der Vorname zu folgenden Aussagen passt:

—   Das eigene Volk ist edel und steht an erster Stelle unter den Völkern. (Naheliegend: Es hat ein Recht auf genügend Lebensraum.)
—   Das eigene Volk ist kraft- und bedeutungsvoll. (Naheliegend: Zu einem kraft- und bedeutungsvollen Volk passt ein großer Lebensraum.)
—   Beim eigenen Volk gibt es ein Bevölkerungswachstum. (Es braucht also mehr Lebensraum.)

Und der Vorname passt auch direkt zu einer Erweiterung des (eigenen) Lebensraums. Der Nachname passt ebenfalls zu einer Erweiterung/Expansion (i.e, L), die mit Marsbetontheit/

Aggression (H, i, T, R, (L)), Härte (H, T, R) und Autorität (R, (H, L)) verbunden ist. Der ganze Name passt also zu einer gewaltsamen/kriegerischen Lebensraumerweiterung.

Der Name scheint die Ideologie und die Politik des Nationalsozialismus geprägt zu haben. Da die Ideologie und das Programm von vornherein sehr fragwürdig waren und die Realisierung dieses Programms zu einer Katastrophe führte, stellt sich die Frage: Was ist „falsch" am Namen „Adolf Hitler"?
An diesem Namen ist vor allem Folgendes fragwürdig/problematisch:

–   Der Vorname ist zu unklar, zu vage, zu allgemein. (Dies hängt damit zusammen, dass er neptunbetont ist. (Neptun ist ein etwas problematisches Urprinzip.))
–   Zwischen Vor- und Nachnamen bestehen starke Kontraste. (Der Vorname ist weich, venus- und jupiterbetont, der Nachname dagegen hart, mars- und überwiegend saturnbetont.)
–   Die Urprinzipien sind vermutlich falsch angeordnet, sie kommen an den falschen Positionen/Stellen zur Geltung. (Die venusbetonten Buchstaben stehen ganz links (A, D), dann kommen die jupiterbetonten Buchstaben (O, L, F) und rechts/beim Nachnamen stehen die mars- und saturnbetonten Buchstaben (H, i, T, R).

Beim menschlichen Körper sind die Urprinzipien überwiegend anders verteilt: Innen sind die Knochen (Saturn), dann kommen die Muskeln (Mars), dann eventl. eine Fettschicht (Jupiter) und ganz außen ist die Haut (Venus, auch Saturn). (Links entspricht innen, rechts entspricht außen)) Die falsche Anordnung der Urprinzipien bewirkte wohl, dass die Urprinzipien etwas anders zur Geltung kamen. (z. B.: Das Venusprinzip hatte eine verführerische Wirkung, das Saturnprinzip eine destruktive/vernichtende.)

5.3 Harmonien/Dissonanzen zwischen (2 verschiedenen) Namen; Name und Partnerschaft

Namen hängen mit dem Venus- und dem Jupiterprinzip und mit Gemeinschaft und Verbundenheit zusammen. (siehe Kapitel I). Sie passen viel besser zur Partnerschaft als das Horoskop. Deshalb spielen bei einer Partnerschaft die Namen und die Harmonie/Dissonanzbeziehungen zwischen den Namen vermutlich eine sehr wichtige Rolle. (Namen sind oft attraktiv und können auch erotisch sein.)

Bei den Harmonie/Dissonanzbeziehungen spielen die Aspekte zwischen den Namen eine Rolle. Zwischen 2 Namen gibt es mindestens 3 Aspekte. (Bei den Vornamen, bei den Nachnamen und beim ganzen Namen. (Siehe Kap. 3.3)) Am günstigsten sind das Sextil und das Trigon. (Das Sextil passt eher zu oberflächlichen, spielerischen Beziehungen, das Trigon zu tiefen und dauerhaften Partnerschaften.)

Bei den Harmonie/Dissonanzbeziehungen spielt die Größe/Gewichtigkeit der Buchstaben eine Rolle. (z. B.: „Armando" (groß/gewichtig/kraftvoll) passt wahrscheinlich besser zu „Laura" (ebenfalls groß und kraftvoll) als zu „Elke" (relativ schwach/klein).)

Bei den Harmonie/Dissonanzbeziehungen zwischen Namen spielen die Urprinzipien der Buchstaben eine Rolle. (z. B. „Wolfram" (jupiterbetont) passt besser zu „Jasmin" und „Olivia" (ebenfalls jupiterbetont) als zu „Herta" ,und „Renate" (saturnbetont).)

Bei den Harmonie/Dissonanzbeziehungen zwischen Namen spielen die speziellen Harmonien zwischen den Buchstaben (siehe Kap. 4.2.2) eine Rolle. (z. B.: P harmoniert mit L, also harmoniert „Peter" mit „Linda".)

Bei den Harmonie/Dissonanzbeziehungen zwischen Namen spielt die Geschlechtlichkeit der Buchstaben (siehe Kap. 2.4) eine wichtige Rolle. (z. B.: „Elke Seidel" (sehr weiblicher weiblicher Name) harmoniert besser mit „Rainer Jäger" (sehr männlicher männlicher Name) als mit „Edmund Weiler" (unmännlicher/ etwas weiblicher männlicher Name).)

Die Harmonien/Dissonanzen zwischen den Endungen der Namensteile sind vermutlich besonders wichtig. (Sie liegen rechts außen und sind dadurch der Außenwelt zugewandt.)

(Dass die Frau bei der Heirat i. A. den Nachnamen ihres Mannes annimmt, ist fragwürdig. (Die Ehepartner haben dann beim Nachnamen die gleiche Geschlechtlichkeit, sind aber von verschiedenem Geschlecht.))

Beispiel: Die Namen „Imelda Jäger" und „Erik Weiss" harmonieren gut miteinander. (I und E, m und r, e und i, ld und k, J und W, ä und ei, g und i und r und s stehen (ungefähr) an den gleichen Positionen, haben Ähnlichkeiten/harmonieren ziemlich gut miteinander (z. B. i und E sind beide merkurbetont und leichtgewichtig) und haben (wie die möglichen Namensträger) eine unterschiedliche Geschlechtlichkeit. (Ausnahme: g und i). Zwischen den Namen gibt es günstige Aspekte. (Zwischen den Nachnamen gibt es eine Konjunktion und zwischen den Vor- und den ganzen Namen je ein Sextil.))

Literaturhinweis

Nicolaus Klein/Rüdiger Dahlke:
Das senkrechte Weltbild, München 1986.